学前教育原理案例教程

主　编　肖全民　刘揖建
副主编　梁富一　赵建霞　梁春娟

ZHEJIANG UNIVERSITY PRESS
浙江大学出版社

图书在版编目(CIP)数据

学前教育原理案例教程/肖全民，刘揖建主编. —杭州：浙江大学出版社，2014.3(2017.4 重印)

ISBN 978-7-308-12948-0

Ⅰ.①学… Ⅱ.①肖… ②刘… Ⅲ.①学前教育—教育理论—教材 Ⅳ.①G610

中国版本图书馆 CIP 数据核字（2014）第 035991 号

学前教育原理案例教程

肖全民　刘揖建　主编

责任编辑	沈国明
出版发行	浙江大学出版社 （杭州市天目山路 148 号　邮政编码 310007） （网址：http://www.zjupress.com）
排　　版	杭州林智广告有限公司
印　　刷	浙江省良渚印刷厂
开　　本	710mm×1000mm　1/16
印　　张	9.5
字　　数	132 千
版 印 次	2014 年 3 月第 1 版　2017 年 4 月第 3 次印刷
书　　号	ISBN 978-7-308-12948-0
定　　价	18.00 元

浙江大学出版社发行部联系方式：(0571) 88925591；http://zjdxcbs.tmall.com

内容提要

本书系新世纪广西高等教育教学改革工程立项项目“基于问题学习与核心能力培养的学前教育学案例教学研究与实践”，广西学前儿童发展与教育研究基地、广西幼儿师范高等专科学校质量工程项目《学前教育学》精品课程建设成果之一，主要供学前教育专业的《学前教育原理》或《学前教育学》等课程的教学参考使用，也可供幼儿教师培训、幼儿园教师参考。本教材根据课程教学大纲和近年使用过的主要教材的主要内容体系，以最基本的学前教育原理要点为线索，精选近100个案例实施“问题导学式”案例教学，重在培养学生分析问题、解决问题的能力。内容编排上，分章依次整理出案例描述、问题解决与能力培养、案例评析、知识链接等。

前　言

——《学前教育原理》"问题导学式"案例教学探讨

根据我国学前教育发展的新形势和幼儿师范院校大专层次学前教育专业人才培养的新要求，我们在《学前教育原理》课程教学改革研究与实践中，以问题式学习理论和案例教学理论作指导，探索基于学生实践能力培养的"问题导学式"的案例教学，构建教学案例体系，提高专业理论课程理—实结合的教学效果。

一、基于"三个矛盾"的教学改革背景

学前教育的"春天"已经到来，制约其可持续发展的幼儿教师教育的内涵发展所面临的现实矛盾也日益凸显。虽然幼儿园教师这个职业如今已成了"香饽饽"，但由于长期以来我国幼儿园教师的身份地位不明确，这个职业也面临着一些尴尬。它主要表现为三个"高"与"低"的矛盾：

一是幼儿园教师行业需求攀高与其社会地位和经济收入偏低的矛盾。随着适龄幼儿入园率的不断提高，落实教育部 2013 年颁发的《幼儿园教职工配备标准(暂行)》，幼儿园教师队伍数量不足的问题日益凸现，已成了制约我国学前教育事业可持续发展的一个带有普遍性的问题，各级各类幼儿园都有不同程度的"人才饥荒"。但另一方面，由于过去伴随着公办幼儿园的"改制"，幼儿园教师仍处于教育系统的最底层，她们有"教师"之名头无"教师"之实惠，比如没有明确的职业身份地位、没有享有中小学教师同样的待遇、没有独立的幼儿园教师职称晋升系列，编制设置停滞、工资待遇差、同工不同酬……这些造成了幼儿园教师心态浮

躁、工作倦怠、队伍不稳定、素质参差不齐等问题，使得幼儿教师这个朝阳职业缺乏真正的吸引力，不少有志于从事这个职业的人缺乏职业自信。

二是幼儿园教师的入职门槛提高与幼儿师范生的入学门槛降低的矛盾。随着我国教师专业化进程的推进，国家在全面落实《教师法》和《教师资格条例》等法律的同时，对教师实行的特定的职业许可制度日益严格。2012年教育部颁布了《幼儿园教师专业标准(试行)》，对合格幼儿园教师的专业素质提出了明确的要求和规范，为幼儿园教师培养、准入、培训、考核等工作提供了重要依据。同时，我国教师资格考试改革和定期注册制度也在有序推进。幼儿园教师的入职门槛较以往有了明显提高。但是，由于幼儿园教师需求量大，近年来各级各类幼儿教师职前培养机构疯狂扩招，导致学前教育专业的生源质量一路走低、良莠不齐，特别是一些中专和大专层次的招生几乎是"来者不拒"，入学的门槛一度降低。这与二十年前"百里挑一"地选拔幼儿师范生的现象形成强烈反差，幼儿师范生的生源质量问题将直接影响今后的幼儿园教师队伍质量。职前培养的质量问题，也从近年来幼儿园教师资格考试试点地区的低通过率反映出来了。

三是社会对幼儿园教师的期望越来越高与部分幼儿园教师的从业素质低的矛盾。在现代教育环境中，人们对学前期发展在个体终身发展中的重要作用的认识越来越高。随着"入园难"问题的逐步解决，人们对"入好园"的需求日益迫切，希望孩子得到科学的、适宜的、良好的学前教育。幼儿家长需要的不再是"保姆式"的幼儿园教师，而是需要经过严格的培养与培训、系统掌握专业知识和专业技能、具有良好职业道德的高素质专业幼儿教师。但现实中部分幼儿园教师的从业素质低。从近年来有关幼儿园教师妖魔化的负面报道频现则可见一斑，比如幼儿园老师"虐童"事件、幼儿园教育"小学化"、幼儿园"游戏幼儿"的闹剧、幼儿园安全事故等等。这些负面现象一再引起人们对幼儿园教师的职业道德和专业能力的关注。事实上，在幼儿园教师队伍中也确有不少职业素质低下的人员存在。

随着学前教育事业的大力发展,专科层次的学前教育专业已经成为幼儿教师教育的主力。如何提高幼儿教师职前培养质量?还需要从课程教学改革入手。尤其是像《学前教育原理》这样的专业理论基础课,如何解决课程教学中理论与实践脱节、学生实践能力薄弱、知识运用能力差以及对其他专业课程教学的理论支撑不够等问题,需要我们重新审视课程目标,改变传统的教学方法,发挥学生的学习主动性,培养学生的创新精神和实践能力。近年来,我们试图在《学前教育原理》课程教学改革中探索基于学生实践能力培养的"问题导学式"案例教学改革。

二、基于"三个标准"的课程目标定位

《学前教育原理》这门课程也就是学前教育专业课程体系里传统的"三学六法"中的《学前教育学》。它在学前教育专业人才培养中有着重要地位,是学前教育专业人才培养方案中其他专业课程的重要基础课程,对学生培养正确的儿童观、教育观、教师观,掌握现代学前教育的基本规律和基本理论,更好地指导学前教育实践具有深远意义。但长期以来,人们对该课程具有什么功能、解决什么问题的理解和认识存在不同程度的偏差。有的把它当作"万金油",试图解决该专业所有理论与实践的问题;有的把它混同于教学法等技能性专业课程,期望通过该课程的教学能使学生掌握幼儿园全部教育教学技能。要使《学前教育原理》这门课程真正发挥它应有的作用,需要我们对该课程的教学目标进行合理定位。

课程教学目标是课程教学活动的预期目的,它决定着课程教学改革的方向。近年来,我们在努力探索《学前教育原理》这门课程的教学改革中,首先是根据教育部颁发的《教师教育课程标准》、《幼儿园教师专业标准》和《幼儿园教师资格考试标准》这"三个标准"来确定该课程的定位。

为落实教育规划纲要,深化教师教育改革,规范和引导教师教育课程与教学,全面提高教师培养质量,培养造就高素质专业化教师队伍,2011年10月教育部颁发了《教师教育课程标准(试行)》(以下简称《课程

标准》)①。《课程标准》提出了“育人为本、实践取向、终身学习”的基本理念，对幼儿园职前教师教育课程目标与课程设置有了明确的指导意见。从幼儿园职前教师教育课程目标体系来看，在“教育信念与责任”、“教育知识与能力”、“教育实践与体验”这三个目标领域的9个目标子项当中，培养学生具有正确的儿童观、教师观、教育观和相应的行为，使学生具有理解幼儿、教育幼儿以及发展自我的知识与能力，就是《学前教育原理》这门课程应该承担的主要任务。所以，《课程标准》也建议设置《学前教育原理》这个模块的课程。

为构建教师专业标准体系，促进幼儿园教师专业发展，建设高素质幼儿园教师队伍，2012年2月教育部颁发了《幼儿园教师专业标准(试行)》(以下简称《专业标准》)。②《专业标准》是国家对合格幼儿园教师专业素质的基本要求，是幼儿园教师实施保教工作的基本行为规范，是引领幼儿园教师专业发展的基本准则，也是幼儿园教师培养、准入、培训、考核等工作的重要依据。《专业标准》明确提出了“师德为先、幼儿为本、能力为重、终身学习”的基本理念。因此，《学前教育原理》作为一门专业基础课，应该注重培养学生具有良好的职业道德、正确的职业认知，掌握“必须、够用”的学前教育基本理论知识。

为全面落实《教师资格条例》，落实教师特定的职业许可制度，完善教师资格制度，严把教师入口关，促进教师专业化，教育部师范教育司、教育部考试中心于2011年7月印发了《中小学和幼儿园教师资格考试标准(试行)》(以下简称《考试标准》)③，我国将逐步形成“国标、省考、县聘、校用”的教师准入和管理制度。幼儿园教师资格考试标准是幼儿园教师职业准入的国家标准，是从事幼儿园教师职业的最基本要求，是进行幼儿园教师资格考试的基本依据。从《考试标准》明确规定的考试内容来看，“职业道德与基本素养”、“教育知识与应用”、“保教知识与能力”这三

① 教育部《关于大力推进教师教育课程改革的意见》(教师[2011]6号)

② 教育部关于印发《幼儿园教师专业标准(试行)》《小学教师专业标准(试行)》和《中学教师专业标准(试行)》的通知(教师[2012]1号)

③ 教育部《关于开展中小学和幼儿园教师资格考试改革试点的指导意见》(教师函[2011]6号)

个一级指标均涉及《学前教育原理》这门课程。

《学前教育原理》作为一门专业基础理论课程，我们根据学前教育专业培养“适应当代幼儿教育和改革需要的幼儿教师”的目标和上述“三个标准”，以理论知识“必须、够用”为度，重新确定它的教学目标：通过该课程教学，使学生掌握学前教育的基本规律和关于学前教育、幼儿教师、学前儿童的基本知识，培养学生运用学前教育基本原理分析和解决学前教育实际问题的能力；帮助学生树立先进的学前教育理念，形成一定的职业认知的能力、终身学习的能力和自我发展的能力；帮助学生逐步形成从事幼儿园教育工作应有的爱幼儿、爱幼教的职业情感和正确的儿童观、教育观、教师观，为学习后续专业课程和从事幼儿教师职业培养专业综合能力的基因。

三、问题导学式案例教学

《学前教育原理》课程根据教学目标定位，坚持把立德树人作为根本任务，在改革课程体系和教学内容的同时，着力改革教学方法，实施基于问题、基于项目、基于案例的教学方法，融“教、学、做”为一体，试图解决理论与实践脱节的问题，引导进行学生参与式讨论，从而获得正确的教育观念和解决问题的方法，强化学生实践能力的培养。

“问题式学习”理论。现代认知心理学认为，问题是指在信息和目标之间有某些障碍需要加以克服的情景。“问题式学习”亦称“基于问题的学习”(Problem-Based Learning，简称 PBL)。PBL 自 20 世纪六七十年代在西方教育领域产生以后，因其直指知识的应用和未来职业技能的培养，并充分体现了建构主义哲学思想，该教学模式在短短的二三十年内风靡全球，对各办学层次、各学科的教学与培训产生了革命性的影响。我国教育研究工作者从 20 世纪九十年代开始大量介绍国外在该领域的研究，并尝试探索如何将 PBL 引入我国的教学实践之中。PBL 是一种以教师教学方式的变革来达到学生学习方式的变革的教学思路。它强调把学习置于复杂的、有意义的问题情境之中，通过让学习是合作解决真实性问题，来学习隐含于问题背后的科学知识，形成问题解决的技能，并形成自主学习的能力。在《学前教育原理》课程教学中应用“问题式学习”就是要以分析解决学前教育实际问题为核心，让学生围绕问题展开知识的构建的过程。

案例教学理论。案例教学法作为一种以能力为导向的培养高素质、应用型和创新型管理人才的重要教学方法，首创于哈佛大学，最早运用于19世纪后半叶的法律教学中，教师选择个别犯罪案例进行剖析，让学生学习法学的基本理论和知识。之后，又被运用于医学、心理学、管理学、市场营销学、社会学的研究和教学之中。案例教学法，“就是以某部门、某单位的实际业务项目作实例，结合理论知识进行教学”①，也就是“在教师指导下，根据教学目标和内容的需要，采用案例组织学生进行学习、研究、锻炼能力的方法”②。在《学前教育原理》课程教学中，如何使没有幼儿园教育实践经验的学生更加有效地理解和掌握学前教育理论知识，并形成解决学前教育实际问题的能力？学前教育的实际案例就可以为实现理论知识与教育实践的对接架起“桥梁”。为实施好案例教学，我们从学前教育实践中选择丰富多样的典型案例，如幼儿园教育场景案例，学前教育实践中典型人物、典型事件案例，正面的学前教育规律印证性案例，反面的学前教育规律教训性事件，等等。同时对应理论要点收集整理学前教育的最新案例，研发教学辅助教材《学前教育原理案例教程》，增强教学内容的时代性。通过这样的案例来说明抽象观点，有利于培养学生运用学前教育理论知识解决实践问题的能力，并逐步形成积极的职业情感和态度。

以“导”促“学”。案例往往提供一个问题解决情景，它是教学内容、知识信息的“载体”，具有“问题”定向的功能，也是实现教学目标的“桥梁”。教师根据教学目标、教学内容选取案例，将基本理论与案例事实结合起来，以案例为基本素材，创设一个民主、宽松的教学实践情境，开展参与式的阅读、分析和讨论、交流等活动，引导学生剥去案例中非本质的细节，解决案例隐含的“问题”，揭示其内部特征及案例与学前教育规律、

---

① 沈思义，秦世才．当代教学法（上）．北京：中国物资出版社，1989：228

② 潘懋元，王伟廉．高等教育学．福州：福建教育出版社，1995：232

原理和方法之间的必然联系，最后作出判断和评价。问题导学式案例教学可以激发学生的心理能量，训练学生的智慧技能，培养和发展学生的学习主动性和解决问题能力，真正体现“不愤不启，不悱不发”，使学生变被动接受为主动探索，从而指导学生掌握分析问题和解决问题的策略、进而提高学生的表达能力、思维能力和分析解决问题的能力，加深对学前教育基本原理和概念的理解，培养学生主动探究知识的学习态度和人际交往与合作的精神，从而逐步生成自己的教育思想和专业素养。

四、“问题导学式”案例教学的优势

根据专科层次学前教育专业的生源特点、人才培养定位和幼儿园教师岗位能力要求和幼儿园教育实际，把问题式学习理论与案例教学理论有机结合起来，运用于《学前教育原理》课程教学改革与实践，融“教、学、做”为一体，使学生有效掌握学前教育的基本原理、了解幼儿园教育的客观规律，形成基本的教育理论素养和教育教学能力。实践证明，《学前教育原理》课程“问题导学式”案例教学有如下优势：

符合《学前教育原理》的课程特点，有利于提高教学的实效性。《学前教育原理》是一门实践性很强的课程，其理论和观点或来源于学前教育实践，或需要学前教育实践来解释。结合学前教育实际案例进行教学，非常适合《学前教育原理》的课程特点：一是教学案例以学前教育基本理论为指导，融合了学前教育基本理论及基本能力，有利于学习者思考、借鉴；二是教学案例多来源于实际、又高于实际，我们根据《学前教育原理》的教学内容对案例进行精心编写、整理，使理论与实际有机地联系起来，达到学以致用目的；三是案例都具有典型性、针对性，我们所选取的案例都对应具体培养什么能力、解决什么问题、如何激发学生思考等，可以避免脱离实际的空洞说教。通过“问题导学式”案例教学，能使学生深刻理解教育原理，有利于学前教育学科知识、技能以及幼儿园教育教学综合能力的培养，提高理论基础课的教学效果。

符合“工学结合”的高职教育理念，有利于提高学生的实践能力。高等职业教育要以就业为导向，以能力为本位，立足职业需求，专业教学过程必须与其职业工作过程相结合，培养社会所需的高素质技能型专门人才。运用案例教学法，能使专业课程设置与职业能力要求相结合，培养学生在实际工作中分析问题和解决问题的能力。教学案例中的问题情境就是准工作任务，解决其中的问题也就是一种模拟的实践。“问题导学式”案例教学就是工作情景导向的理论与实践相结合，能体现工学结合的任务驱动、项目导向的教学要求，具有鲜明的职业氛围。能使学生对复杂的教育实践有比较清晰的认识，学习学前教育原理是为了正确地认识和解决教育实际问题，通过正反案例、由简单到复杂的案例，使学生获得有关教育实际的形象逼真的表象。分析案例就是一种准实践，可以缩短教育理论和实践之间的距离，学生可以深入分析和模拟设计教育过程，能够基本解决幼儿园教育的实际问题，为将来在教育实践中表现出良好的实践能力奠定基础，达到“学以致用”。教师由知识技能的传授者向教学活动的设计者、组织者、指导者转变；教学目标由传授知识、培养技能，向以能力为本位，使学生在知识、能力、素质三个方面得到协调发展转变。学生由知识技能的被动接受者，向知识技能的主动探求者转变，在“做中学”，在“学中做”，融“教、学、做”为一体，可以增强学生的职业能力。

符合“双主体”教授的教学方式，有利于发挥学习主体的能动性。传统的讲授教学法注重“以教师为中心”，是“填鸭式”、“灌输式”的理论教学。教师主要是教会学生一定限度的书本知识，而忽略了学生的主体地位，学生只是作为被动的知识接受者。教学案例给出思维的基本视角，教师围绕“问题”组织教与学。案例教学能突出学生的主体地位，营造民主和谐的师生关系。案例教学中教师在课堂上不是“独唱”，而是师生共同探讨问题，共同寻找解决问题的答案，学生也从被动地接受学习转变为主动地探究学习。案例教学是教与学的互动，可以改变教师传统的教学习惯，给学生留有思想漫步的空间，发挥其主体作用。真正把“教”与“学”、“学”与“习”结合起来，实现从重“教”转向重“学”，把教学的主体地位还给学生，我们应从关注教师的“传授力”转向关注学生的“学习力”。

目　录

绪 论

【案例 1】 一位诺贝尔奖科学家眼中的幼儿园教育①

1987 年,75 位诺贝尔奖获得者在巴黎聚会。有一位记者问其中一位老人:“您在哪所大学学到的东西您认为最重要?”老人平静地说:“是幼儿园。”“在幼儿园里学到了什么?”“在幼儿园学到:要乐于同别人分享一切东西;要公平正直、光明正大地与别人竞争;永远不打人;不要拿不属于自己的东西;在你伤害别人时要道歉;吃饭之前要洗手;要知害羞,要有廉耻之心;热牛奶有利于身体健康;要让生活过得丰富多彩;不仅在每天都要有所学,有所思,还要在工作的同时作作画,唱唱歌,跳跳舞;每天下午要小睡一会儿;在踏入社会的时候,要随时注意交通安全;要互相团结,彼此扶助;要始终保持一颗惊喜、好奇的心。”

【问题解决】 如何正确认识幼儿园教育的重要意义?

【案例评析】 在这位诺贝尔获奖科学家的眼中,人生最重的东西是在幼儿园里学到的。幼儿园和幼儿教育是孩子体验纯真童年和全面发展的主要活动场所和必要措施。幼儿园的任务是解除家庭在培养儿童时所受时间、空间、环境的制约,让幼儿身体、智力和心理得以健康发展。可以说,幼儿园是孩子的快乐天地,可以帮助孩子健康快乐地度过童年时光,不仅学到启蒙的知识,而且可以从小感受集体生活的体验,养成一个社会人所必须具备的生活习惯。

---

① 罗伯特·福尔姆著,吴群芳译.我们得回到幼儿园.北京:中国档案出版社,2001.

【知识链接】 幼儿教育概念与幼儿教育的意义。

【案例 2】 "狼孩"卡玛拉姐妹的悲剧①

1920 年 10 月,在印度加尔各答西南的一个小村庄,人们发现两只人形动物住在狼洞里。这两只人形动物原来是两个女孩,姐姐卡玛拉约 8 岁,妹妹阿玛拉一岁半。她们的身体外形与人不同:四肢长得比一般人长,手长过膝,双脚的拇指也稍大,两腕肌肉发达;骨盆细而扁平,背骨发达而柔弱,但腰和膝关节萎缩而毫无柔韧性。

当地人把卡玛拉姐妹送到孤儿院接受人类的教育,想把她们培养成正常人。可是婴儿时代受狼抚养的姐妹俩却改不掉狼的习性。她们不会说话,没有人的理性,吞食生肉,四肢爬行,喜暗怕光,白天总是蜷缩在阴暗的角落里,夜间则在院内外四处游荡,凌晨时像狼似地嚎叫。给她们穿衣服,她们却粗野地把衣服撕掉。经过两个月后,妹妹阿玛拉终于说出了"不"字,可惜一年后就死去了。姐姐卡玛拉经过三年的培训才能用脚走路,但仍改不了四肢走路的习惯。直到她 17 岁死去时,智商只有三岁半幼儿的水平,只能讲 45 个单词。

【问题解决】 早期教育对婴幼儿的身心发展有何重要作用?

【案例评析】 早期教育是人类智力开发的最佳时期,如果丧失了这一早期教育的机会,对孩子终身发展将产生很大的负面影响,"狼孩"卡玛拉姐妹是众多失去早期教育所产生的悲剧之一。这一实例有力地说明了社会生活对人的心理发展的决定性意义。由于卡玛拉姐妹自幼落到狼群中,由狼群喂养长大,长期在狼群中过着野兽的生活,失去了最佳的教育期,渐渐失去了人的禀性,变成了"狼"。虽然她们是由人生育出来的,有人的遗传素质,具有人的外貌特征、生理机构和感觉器官,但没有一般人的心理机能和理性思维能力,不懂得人类的语言,无法形成人的心理现象和精神世界。即便狼孩卡玛拉姐妹被带回人群中生活后,经精心护理和培养,也很难恢复正常人的心理状态。因此,父母和幼儿园

---

① 林华民.世界经典教育案例启示录.北京:农村读物出版社,2003:3—4.

老师在婴幼儿早期教育中承担着不可替代的作用。

【知识链接】 婴幼儿早期教育的重要性。

【案例3】 50克遗传胜过1吨教育吗?①

美国心理学家霍尔(G. Hall,1844—1924)曾经说过:"50克遗传胜过1吨教育。"英国的高尔顿(1822—1911)为了证明人的心理和成就是由家族遗传因素决定的,做了一番"家谱"调查。他选出977个英国名人,包括政治家、法官、军官、文学家、科学家和艺术家等,调查他们的亲属,了解有多少人也同样出名,结果发现他们的亲属中有322人也是名人;另外,他又调查了977个普通人,结果看到普通人的亲属中只有一个名人。中国也有"龙生龙,凤生凤,老鼠的儿子打地洞"之说。人的心理和成就,果真是由遗传决定的吗?

【问题解决】 遗传和教育在幼儿身心发展中的关系和作用是什么?

【案例评析】 遗传素质是个体心理和能力发展的自然前提和物质基础。经研究,遗传素质对智力的发展有影响是毫无疑问的,但它更多的是提供一个人智力发展的某种可能性。对一般人来说,遗传素质正常或优越并不能保证其智力发展一定会超越别人。只有通过后天的教育和个体的实践,才能使这种可能性变为现实性。

那么,如何解释高尔顿的"家谱"调查结果呢?首先,要对高尔顿所说的"名人"和"普通人"进行分析。高尔顿所处的19世纪的英国,能够登上"名人"地位的人,基本上都属于有钱有势的上层阶级。他们享有受高等教育权,生活条件优越。很自然,他们的亲属沾"名人"的余荫,又有其前辈为他们搭好的社会关系的阶梯,以及种种社会保证,所以,他们中会有较多的人成为名人,这与社会因素所起的作用分不开。至于高尔顿所说的"普通人",正是那里的劳动人民,他们过着贫困的生活,朝不保夕,生活在社会最底层,没有条件享受高等教育。所以,"普通人"的"亲属"仍然归于"普通人",这同样是社会因素所起的作用。

---

① 卢秀安等.教与学心理案例.广州:广东高等教育出版社,2002:11—12.

总之，影响人的发展因素是多方面的，并非由遗传决定。过分夸大遗传素质的作用是片面的。

【知识链接】 影响幼儿发展的因素：遗传与教育的关系。

【案例4】 早期教育的“奇迹”①

日本木树久一著的《早期教育造就英才》一书，谈到德国著名法学家卡尔·威特成才的故事。卡尔·威特在婴儿期像个“傻子”，他父亲曾悲伤地说：“因为什么样的罪孽，上天给了我这样的傻孩子呢？”邻居们尽管口头上常常劝他父亲不要为此而忧愁，但心里都认为他是个白痴，背后也这样议论。但他父亲并没有失望，而是踏踏实实按自己的计划对他进行教育。起初连妻子也不赞成，说：“这样的孩子，教育他也会有出息，只是白费力气。”可是，这个“痴呆儿”不久就使邻居大为吃惊。他八九岁时就熟练地掌握了德、法、英、意大利、拉丁和希腊等6种语言，9岁考入莱比锡大学，1914年4月不满14岁就发表了数学论文，被授予博士学位，16岁时又被授予法学博士学位，并被任命为柏林大学法学教授。

【问题解决】 如何正确认识幼儿早期教育的重要性？

【案例评析】 不少心理学家把人生的早期看做智力发展的关键期。早期教育具有特别重要的意义。要发展智力，要培养人才，就要抓紧早期教育。早期教育不仅对早慧的儿童不可缺少，对一般儿童，甚至对被认为是愚笨的儿童也是必要的。以上实例有力地证明了这一点。这位被认为是“傻子”的孩子，由于父亲并不因此而放弃对他的期望，而是踏踏实实地对他施以教育，奇迹最终出现了。一个“痴呆”的人有如此成就，足见早期教育有何等大的作用，何等大的威力。

【知识链接】 幼儿发展关键期概念与幼儿早期教育的重要性。

---

① 卢秀安等．教与学心理案例．广州：广东高等教育出版社，2002：10—11.

【案例5】　从自卑到自信：王子的奇迹①

传说有一位王子，长得十分英俊，但却是一个驼子，这个缺陷使他非常自卑。有一天，国王请了全国最好的雕刻家，刻了座王子的雕像。刻出来的雕像没有驼背，背是直挺挺的。国王将此雕像竖立于王子的皇宫前。当王子看到此雕像时，他心中产生了一种震撼。几个月之后，百姓们说："王子的驼背不像以往那么严重了。"当王子听到这些，他内心受到了鼓舞。有一天，奇迹出现了。当王子站立时，背是直挺挺的，与雕像一样。

【问题解决】　作为学前教育专业的学生，你怎样梳理自己的专业自信与职业信仰？

【案例评析】　这个故事给我们的启示是：关照自己的内心，克服自卑，为自己树立目标，全心贯注于你所期望的目标上，并时时加以留意，有一天你将会看到自己内心所期望的成果。自卑，使人意志消沉，长此以往，肯定会陷入生活的深谷，摔得更惨，倒不如鼓起勇气奋力一搏。生活中，树立目标，编制期望的蓝图，全心全意投入你的远大理想中，你将会获得自信与成功。

【知识链接】　学前教育专业认同与幼儿教师职业认知。

① 卢秀安等.教与学心理案例.广州：广东高等教育出版社，2002：39—40.

第一章　幼儿教育与社会发展

【案例 1】　家长为何通宵排队，露宿街头？①

上周末，雨夜，微凉。

这一夜，为了一个孩子的入园名额，哪怕困顿疲乏，何惧蚊虫风雨。

又到了各大幼儿园新一季的招生时节，舐犊情深的家长们为了帮孩子们抢一个公立幼儿园的指标，上演了一出出排队众生相。

“错过了一次就不能再错过”

5 月 25 日凌晨 0 时 10 分，天空飘细雨，繁闹的汉口武胜西街荣华街一片寂静，忙碌了一天的人们渐入梦乡。

在硚口区机关幼儿园的门口，一条长龙格外引人注目。十多张躺椅一字排开，椅子上的人全都裹着棉被。一些阿公阿婆还穿了好几件外套，卧在长椅上，大家素不相识却互拉家常。

他们通宵排队，只为小孩入园报名。

排在第一号的姜先生将自己裹得严严实实，塞着耳机听歌以排遣长夜。“一年前，我就开始筹划了。”他说，女儿上月刚满 3 岁，不过他很早就开始关注附近的公立幼儿园，并托人打听报名时间。

5 月 2 日，机会来了。一个朋友告诉他，宝丰路一家公立幼儿园正在报名招生。得到消息后，他连夜赶到该幼儿园，但门口的家长早已排满。因名额有限，他无功而返。

---

① http：//edu. people. com. cn/GB/18021951. html

“这一次，千万不能错过。”得知硚口区机关幼儿园25日招生报名后，姜先生喜不自禁。为不再错失良机，24日他专门请了一天假，下午2点就来到幼儿园门口排队。

“拉来亲朋好友现场助阵”

凌晨0时25分，排在第9号的况先生夫妇从外面带了两盒夜宵和啤酒回来，况先生远远喊道：“兄弟，喝酒了……”

况先生口中的“兄弟”，是他的高中同学。长夜漫漫，为打发无聊的时间，况先生专门请来亲友团到现场助阵。当日下午，况先生的同学一下班，就赶到幼儿园门口陪着排队。

况先生说，他家住幼儿园附近的圣锦苑小区。24日下午3时许，他母亲就从家里拖出躺椅，占领“根据地”。待他下班后，才让母亲回家休息。

今年66岁的张婆婆在排队大军中很显眼。她的孙子今年3岁多，儿子媳妇都要上班，张婆婆亲自上阵排队。来之前她做足了准备工作，除了棉被，她还穿了一件保暖内衣，外加厚厚的外套。

凌晨2时许，排队的家长们难掩倦意，慢慢入睡……直到早上8时，幼儿园正式报名时，排了一宿的家长们纷纷精神抖擞起来。报完名后，辛苦了一夜的姜先生长舒了一口气，“给孩子报上名了，吃再多苦都值得。”

启动改扩建缓解“入园难”

一直以来，公立幼儿园因师资、管理和教育环境等多方面的原因，备受家长青睐。因此，在住宅区附近找一个较好的公立幼儿园成了许多家长的首要选择。但供需矛盾长期存在，造成公立幼儿园入园有难度。

每年，家长通宵排队为孩子入园的场景在全国各地上演。今年4月，河南媒体报道，为了让孩子进入社区一家幼儿园，有的家长甚至不惜排队9天。难怪有家长称，入园“门票”难求，甚至堪比春运，难度有过之而无不及。

【能力培养】 “入园难”已成为我国一个积累很久的教育难题，为什么会出现这种状况呢？“幼儿园”是什么时候开始出现的？为何出现在这个时候？除了“幼儿园”这种教育机构，你还知道哪些形式的幼儿教育机构？

【案例评析】 幼儿教育是教育的组成部分，人类社会诞生之日，就是幼儿教育产生之时。幼儿教育是指所有对学龄前儿童身心发展有影响的活动，它来自社会、学校、家庭各个方面。但是，专门的幼儿教育机构如托儿所、幼儿园的教育直到19世纪末才出现，它是工业化发展的产物。机构化的幼儿教育目前成为全世界广为重视的一种幼儿教育形式。在我国，因为机构化的幼儿教育起步较晚，受社会经济水平发展的制约，幼儿园资源分布不均衡，加上目前家长又特别重视幼儿的早期教育，所以“入园难”成为我国当前幼儿教育的一大难题。

【知识链接】 学前教育将生活方式和生产经验传授给下一代，这就是最早的教育。由于各个时期生产力发展水平不同，因此对未来生产者的要求也不同，造成教育内容、教育形式及发展水平的不同。原始社会生产力水平发展低下，学前教育内容与形式简单，主要以生产经验和生活经验为主，靠口头传授和机械的模仿。农业社会生产力水平有了很大的提高，学前教育主要是在家庭中进行的，教育内容扩大了，除了生活照料和身体养护外，还比较重视品行教育和训练。工业社会早期的学前教育，随着生产社会化的提高和生产工序的分解，妇女、儿童、失去土地的农民加入到工厂，工人不能离开机器，为此出现了专门看管学前儿童的机构或场所。这是最早出现的幼教机构。

19世纪英国空想社会主义思想家和教育家罗伯特·欧文(Robert Owen，1771—1858)于1816年创办的新兰纳克幼儿学校(后改名为“性格形成学园”)，是英国也是世界上最早的幼儿教育机构。

1837年福禄贝尔在德国的勃兰根堡设立的幼儿学校，专门招收3～7岁的幼儿。1840年正式取名为幼儿园(Kindergarten)，意为让儿童像大自然万物在花园中一样自由茁壮地成长，这是世界上第一所幼儿园。

我国最早的幼儿教育机构是 1903 年(光绪二十九年)秋在湖北武昌创办的湖北幼稚园。癸卯学制颁布后,1904 年清政府将其改名为武昌蒙养院。

【案例 2】　游戏小组①

游戏小组(play groups)是为了给未入幼儿园及托儿所的幼儿提供游戏机会和游戏场地而建立的一种社区幼儿教育服务组织。游戏小组最早出现于英国。英国的学前游戏小组协会将游戏小组定义为:儿童在游戏中观察、学习和参加社交活动的集体,它也是成人的组织,因为成人是小组的支柱,为孩子提出各种游戏的建议,并在工作中使自己也得到丰富和发展。

设立背景:① 儿童的游戏场地被剥夺。英国的幼儿教育工作者认为,游戏是儿童的主要活动。但是,20 世纪 60 年代,随着英国工业的发展,儿童的游戏场地却因大城市工业区的高层建筑以及众多的马路和车辆而被剥夺。过于单调的生活,使得幼儿的经验狭窄,想象力贫乏,进而造成他们的破坏性。为了使他们健康成长,游戏场所、游戏器械、游戏伙伴和照顾者的指导都是不可缺少的。

② 学前教育需要得不到满足。在 20 世纪 60 年代,英国的保育学校、保育班以及日托中心的发展仍然不能满足人们对学前公共教育的需要,许多幼儿仍不能进入托幼机构接受早期教育。鉴于此,英国的一名妇女成立了一个游戏小组,并得到英国政府的支持,于是引起了一场运动——学前游戏小组运动。创办学前游戏小组的儿童救济基金会资助了这场运动,并提出了"给没有游戏场地的孩子提供游戏场地"的口号。随着各地游戏小组的建立,1962 年英国成立了"学前游戏小组协会"。在协会的积极活动下,从 1963 年到 1968 年的 5 年内,英国就组织了 1500 多个学前游戏小组,到 1972 年达到 7000 多个,参加游戏小组的幼儿在 25 万人以上。

---

① http://www.yejs.com.cn/Yjll/article/id/11480.htm

设立目的：学前游戏小组协会认为，每个幼儿都有在成人的指导下，与别的幼儿安全地一起参加游戏的权利，正是在游戏的过程中，他们才能在认知、情感和社会性上得到全面与和谐的发展。而且，由父母管理的游戏小组比其他学前教育机构更可取，家长有权利和义务让孩子在欢乐中成长。协会认为，游戏小组的目的和任务是：协助家长了解5岁以下幼儿的需要，帮助他们认识自己的教育职责；保证为幼儿提供丰富的有促进作用的游戏活动，通过游戏，使幼儿得到全面发展；鼓励家长参加游戏小组及其他学前教育机构的活动；在教育方面帮助幼儿及家长；与官方及各级学校合作，建立和发展游戏小组与其他组织的良好关系；探讨如何使每个儿童在班内外取得进步的方法。

管理和组织：大多数游戏小组是由家长资助、装备和领导，或是由热心幼儿教育事业的人负责管理。还有个别的游戏小组在儿童中心内活动，由儿童救济基金会的人负责管理。每个游戏小组有一个领导人和1～2个助手。游戏小组的保育员多由幼儿的母亲自愿担任，她们也可以做助手，协助负责人管理游戏小组的工作。母亲们可以根据自己的能力和时间，每周服务一天或更多的时间。可见，游戏小组的管理工作，充分发挥了中等家庭妇女的主动精神。

经费、设备和开放时间：游戏小组的经费以家长们自行筹措为主，慈善家、慈善团体资助为辅。各个协会也对小组提供奖金和人力的援助。此外，政府也向游戏小组提供补助金，为新建的游戏小组协会直接提供经费，并鼓励各级政府支持建立游戏小组。游戏小组的经费主要用于租借场地、付给工作人员报酬、购买游戏材料和设备。游戏小组没有自己独立的设施，大多是免费借用成人俱乐部的一部分房子、教会大厅、婴幼儿福利中心、旧学校的部分房子。游戏小组备有各种类型的玩具、图书、音乐磁带等。每周开放3～4天，每天上午2～3个小时。来这里玩的儿童大多是2.5～4岁的幼儿，每个游戏小组平均20～24个幼儿，由3～5个教师和保育员负责，教师与幼儿的比例约为1∶8。幼儿可以定时去游戏小组玩耍，也可以将游戏小组的玩具、图书借回家去。

【能力培养】 在英国，学前儿童游戏小组数量越来越多，这反映了幼儿教育机构发展的什么特点？

【案例评析】 幼儿教育机构类型的多样化促进了幼儿更好的发展。对于幼儿来说，游戏小组为他们提供了游戏伙伴、游戏时间和游戏场地，教师和保育员注重给幼儿创设开展各种游戏的机会，启发幼儿去探索、发现新的事物和问题，鼓励他们与人交往。这些都有助于激发他们的兴趣和好奇心，丰富他们的早期经验，促进他们的情感和社会性的发展，增强他们的交往能力和社会技能。对于父母来说，游戏小组为父母特别是母亲提供了大量互相交流和学习的机会，使成千上万的家庭能从中获益。父母通过定期参加儿童的游戏，可以更好地了解自己的孩子，发现他们的兴趣并给以积极的支持和鼓励；可以更好地了解自身的教育价值，提高自信心；可以学到更多的教育策略，提高家庭教育的质量。近年来，随着人们对幼儿教育质量的关注，人们也更加重视对游戏小组工作人员的培训、对机构的管理和监督，有效地提高了游戏小组的质量，吸引了越来越多的儿童。

【知识链接】 幼儿教育机构发展的特点与趋势：幼儿教育机构数量的增加，幼儿教育机构的类型多样化，幼儿教育机构的教育质量日益受到重视。

【案例3】 柏拉图的幼儿教育观

“凡事开头最重要，特别是生物，在幼小柔嫩的阶段，最容易受陶冶，你要把它塑成什么型式，就能塑成什么型式。”(《国家篇》377B)“我们同时应该甚至在孩子出生以前就着手这一工作：待产的妇女必须接受为了有利于未出生的孩子所需要的那种训练。”(《法律篇》789D)“教育就是用体操来训练身体，用音乐来陶冶心灵，教育要先教音乐后教体操，将故事包括在音乐里。”(《国家篇》376E)“一个儿童从小受了好的教育，节奏与和谐浸入了他的心灵深处，在那里牢牢地生了根，他就会变得温文有礼；如果受了坏的教育，结果就会相反。”(《国家篇》401)“从小到老一生连续模仿，最后成为习惯，习惯成为第二天性，在一举一动，言谈思想方法上都受到影响。”“幼年人所参加的游戏应该使它更纳入轨道；如果

游戏中缺乏纪律,儿童与之同化,要求他们长大后成为严肃而守法的人们是不可能了。”(《国家篇》455)

【能力培养】 柏拉图的以上言论分别体现了他什么样的幼儿教育思想?他的幼儿教育思想对我们现在的幼儿教育有何借鉴意义?

【案例评析】 柏拉图是古希腊屈指可数、名闻遐迩的大哲学家,在西方教育史上柏拉图第一个提出学前教育思想。他认为对儿童的教育开始得越早越好,甚至主张胎教。现代脑科学表明,儿童的大脑具有极强的可塑性,柏拉图早在两千多年前就认识到小孩的肉体和精神具有极大的可塑性,因而提出了早期教育的思想,我们不得不为柏拉图的睿智所折服。柏拉图特别重视对儿童的音乐文艺教育和体育教育,他认为儿童阶段的文艺教育至关重要。他认为,一切种类的音乐、诗歌和艺术的教育目的都在于陶冶人的道德情操,培养人的道德品格,音乐教育的最后目的在于达到对美的爱。他认为模仿是人的天性,国家应该选派那些正派的诗人和讲故事的人担任教育者,模仿好人的语言,运用适当的曲调、合适的节奏给儿童说唱故事,进行心灵的陶冶。同时应该让儿童去模仿那些对于他们适宜的东西,即忠诚、勇敢、虔敬、节制的诸神和英雄的言行。柏拉图非常重视儿童游戏在教育中的作用,他主要认为游戏对政治有着影响。

【知识链接】 柏拉图的幼儿教育思想。

【案例4】 福禄贝尔论幼儿教育①

幼儿时期的生活方向未完全确定,如幼儿绘画并不是为未来成为画家做准备,教幼儿音乐并非以将来成为音乐家为目的,这些活动仍然为发展幼儿时期多方面人性所需,如个体需食物来补充营养一般。我们要帮助儿童真正度过完美的儿童期,为达到这个目的,即使儿童的学校生活需要延后一年或两年来完成,也要比误导他们的人生目标要好一些。

我的教育方法是从一开始就向学生提供在事物中收集自己的经验

① 福禄贝尔著,孙祖复译.人的教育.北京:人民教育出版社,2001.

的机会，让他们用自己的眼睛观察，使其学会从自己的经验，从事物和事物之间的关系，从人类社会的真正生活中去认识。他要求教育工作者有意识地把有关联性的事务呈现在儿童面前，使儿童能容易、正确地知觉这些事物，并形成观念。

在这些游戏中得到充足滋养的绝对不仅仅是身体的，或者说肉体的力量，而且也在不断增长地、肯定地、可靠地显示出精神和道德的力量。游戏是创造性的自我活动和本能的自我教育。每一个村镇应当具备一个自己的、供儿童世界使用的公共游戏场所。这对整个社区的生活将会产生卓越的成效……它将为社会培养共同的意识和感情，发展社会共同的法则和要求。……激发和培育了许多公民的和道德的品质。它帮助发展社会的民族的美德。

【能力培养】　福禄贝尔的以上言论分别体现了他什么样的幼儿教育思想？他的幼儿教育思想对我们现在的幼儿教育有何借鉴意义？

【案例评析】　福禄贝尔创建了世界上第一所幼儿园，在他的代表作《人的教育》一书中，论述了有关婴儿期、幼儿期及少年期的发展和教育，展示了福禄贝尔的学前教育思想。福禄贝尔在对待家庭与教学科目时，认为“教学即生活”，强调只有当家庭与学校生活一致时才能达到教育的目的。在课程与教育目的问题上，福禄贝尔认为教学内容只是一种手段，是为完善人性服务的。福禄培尔关于幼儿园教育方法的基本原理是自我活动或自动性。他认为，自我活动是一切生命最基本的特性，也是人类生长的基本法则。通过自我活动，个体自动地向外表现存在于自身的精神。正是自我活动，帮助个人认识自然，认识人类，最终认识自己。依据上述原理，福禄贝尔重视儿童的亲身观察。福禄贝尔是教育史上第一个承认游戏的教育价值、有系统地把游戏活动列入教育过程的教育家。他认为，儿童的游戏，其意义和价值就在于游戏的本身，只是为游戏而游戏，游戏活动过程即是目的，同时也是动机。福禄贝尔高度评价游戏的教育价值，把游戏看做是儿童内在本质向外的自发表现，是人在这一阶段上最纯洁的精神产物。游戏不等于儿童的外部活动，而更多的是指儿童的心理态度。它是一切善的根源和整个未来生活的胚芽。它给儿童以欢乐、自由和满足，又能培养儿童的意志力和自我牺牲的精神。

【知识链接】 福禄培尔的幼儿教育思想。

【案例5】 雪地上玩的孩子

雪地上有几个淘气的小鬼在那里玩，他们的皮肤冻紫了，手指头也冻得不那么灵活了，只要他们愿意，就可以去暖和暖和，可是他们不去，如果你硬要他们去的话，也许他们觉得你这种强迫的做法比寒冷还难受一百倍。

【能力培养】 怎样理解卢梭对儿童的这种认识？

【案例评析】 卢梭认为人生的每一阶段，都有它适当的完善程度，都有它特有的成熟期。卢梭教育理论体系中的一个最基本的思想就是把儿童当作儿童来看待，把儿童看作教育中的一个积极因素；教育要适合儿童天性的发展，保持儿童的天性。他告诫教育者们：要按照儿童的年龄去对待他。儿童是有他们特有的看法、想法和感情的，如果想用我们的看法、想法和感情去代替他们的看法、想法和感情，那简直是最愚蠢的事情。幼儿有自己的幸福和快乐：在成人眼里是痛苦的事情，而儿童却感到无比快乐。

【知识链接】 卢梭的幼儿教育思想。

【案例6】 教育即生长①

我完全相信教育就是生长，这一点我在我女儿身上看得特别清楚。我女儿现在七岁，她四岁认字，五岁能看书，那时候还没有上学，这个过程我觉得特别有意思。每天晚上，她妈妈给她读一点诸如格林童话那样的经典童话书籍，她非常爱听。有一天，她问妈妈：书上都是字，故事在哪里？（笑声）我们没法跟她解释清楚。后来她逐渐识了一点字，识字的过程非常自然，她有时候看光盘，就会跟着声音看字幕，有时候妈妈带她

① 周国平.人文讲演录.上海：上海文艺出版社，2006：76.

出去，她就会问妈妈招牌上是什么字，这样一来她逐渐地、零零星星地认识了一些字。

后来有一回，妈妈晚上给她念了一段故事，第二天发现她自己拿着故事书在念，其实大部分字她还不认识，但她养成了这个习惯，妈妈读的故事她第二天就自己去看，这样认识的字就越来越多。有一天，她对妈妈说：妈妈，你不要给我念了，你念了我再读就没有意思了。你看，认字这个过程，需要我们去强迫她吗？根本不需要！其实每个孩子都有这样一种能力，但是如果你强迫他，他就会反感。通过这个事例，我真的看到人的很多能力是天生的，教育只是给它环境让它生长出来。

每一个人，从他出生以后，这些东西都已经以萌芽状态存在于他的身上了，有了合适的环境，它们就会生长。所以，我特别赞成卢梭提出的一个观点，就是教育即生长。教育不是强行把一些能力从外面放到人这个容器里面去，这些能力在人性中本来就已经存在了，教育只是提供一个良好的环境，让它们正常地生长。

【能力培养】 “教育即生长”是大教育家杜威学前教育理论核心之一。根据以上案例，如何理解杜威的“教育即生长”观？

【案例评析】 杜威认为，儿童处于“未成熟状态”，就有了“生长的可能性”，“未成熟的人为生长而有特殊的适应能力，构成他的可塑性”。教育即生长，生长就是目的，在生长之外别无目的。“教育即生长”言简意赅地道出了教育的本义，就是要使每个人的天性和与生俱来的能力得到健康生长，而不是把外面的东西例如知识灌输进一个容器。

懂得了“教育即生长”的道理，我们也就清楚了教育应该做什么事。比如说，智育是要发展好奇心和理性思考的能力，而不是灌输知识；德育是要鼓励崇高的精神追求，而不是灌输规范；美育是要培育丰富的灵魂，而不是灌输技艺。

【知识链接】 杜威的幼儿教育思想：教育即生长，教育即生活，教育即经验的改组改造，学校即社会，从做中学。

【案例7】 拆表的故事①

有一天，一位朋友的夫人来看陶行知先生。陶先生热情地让她坐下，又倒了一杯茶给她，问道："怎么不带儿子一起来玩？"

这位夫人有点气呼呼地说："别提了，一提就叫我生气。今天我把他结结实实打了一顿。

陶先生惊异地问："这是为什么？你儿子很聪明，蛮可爱的哩！"

朋友的夫人取出一个纸包，里面是被拆得乱七八糟的一块手表。这表成色还很新，镀金的表壳打开了，玻璃破碎，连秒针也掉了下来。她生气地说："陶先生，这表是才买的，竟被我儿子拆成这样，您说可气不可气！他才七八岁，就敢拆表，将来大了恐怕连房子都敢拆呢！所以我打了他一顿。"

陶先生听了笑笑说："坏了，恐怕中国的爱迪生被你枪毙了！"

夫人有点愕然："为什么呢？难道我这样做不对吗？"

陶先生摇摇头。

夫人又接着问："陶先生，您是大教育家，您说对这样的孩子该怎么办呢？"陶先生把拆坏的表拿过来，对夫人说："走，我们上你家去，见见这个小'爱迪生'。"

到了朋友家里，陶先生见到那个孩子正蹲在院子的大树下，聚精会神地看蚂蚁搬家。夫人一见又来了气，正要骂他，陶先生立即劝住了。

陶先生把孩子搀起来，搂在怀里，笑嘻嘻地问："你为什么要把妈妈的新表拆开来呢？能告诉我吗？"

孩子怯生生地望了妈妈一眼，低声说："我听见表里的嘀嗒嘀嗒的声音，想拆开看看是什么东西在响。我错了，不该把手表拆坏，惹妈妈生气。"

陶先生说："想拆开看看是什么东西在响，这没有错。但你要跟大人说一声，不能自作主张。来，你跟我一起到钟表店去好吗？"

---

① http://res.hersp.com/content/227408

孩子又望望妈妈,说:“去店里干什么?”

陶先生说:“去看师傅修表啊,看他怎么拆,又怎么修,怎么装配,你不喜欢吗?”

孩子高兴得跳起来:“我去!我去!”陶先生拿着那只坏表,带着孩子一起到了一家钟表店。修表师傅看了看坏表,说要一元六角修理费。

陶先生说:“价钱依你,但我带着孩子看你修,让他长长知识。”

师傅同意了。

陶行知和孩子站在旁边,满怀兴趣地看师傅修表。看他怎样拆开,把零件一个个浸在药水里;又看他加油后,把一个个零件装配起来。从头到尾,整整看了一个多小时。全部装好后,师傅上了发条,表重新发出清晰的嘀嗒声。孩子高兴地欢叫起来:“响了,响了,表修好了!”

陶先生临走又花一元钱买了一只旧钟,送给孩子带回去拆装。孩子连声说:“谢谢伯伯!谢谢伯伯!伯伯真好!”

陶先生把孩子送到家后,孩子立即跳呀蹦地跟妈妈说:“妈妈,伯伯买了一只钟,让我学习拆装呢!”

那位朋友的夫人不解地问:“还让他拆啊?”

陶行知笑笑说:“你不是问我对这样的孩子该怎么办吗?我的办法说是,把孩子和表一起送到钟表铺,请钟表师傅修理。这样修表铺成了课堂,修表匠成了先生,令郎成了速成学生,修理费成了学费,你的孩子好奇心就可得到满足,或者他还可以学会修理咧。”陶先生停顿了一下,接着说:“孩子拆表是因为好奇心,孩子的好奇心其实就是一种求知欲,原是有出息的表现。你打了他,不是把他的求知欲打掉了吗?与其不分青红皂白地打一顿,不如引导他去把事情做好,培养他的兴趣。中国对于小孩子一直是不许动手,动手就要打手心,往往因此摧残了儿童的创造力。我们应该学习爱迪生的母亲,那么理解、宽容孩子,那么善于鼓励孩子去动手动脑,这样,更多的‘爱迪生’们就不会被打跑、赶走了。”

夫人听了恍然大悟,她不好意思地笑了一下,诚恳地说:“陶先生,您说得对,太谢谢您了,我今后一定照您的办法去做。”

【能力培养】 你如何看待陶行知先生的做法?

【案例评析】 “教学做合一”是陶行知生活教育理论的方法论,“教学做合一”的理论是陶行知在批判脱离生活脱离实际的传统教育弊端,不断进行教学改革的过程中逐步提出并形成的,它的涵义是:“教的法子根据学的法子;学的法子根据做的法子。事怎样做便怎样学,怎样学便怎样教。教与学都以做为中心”。他认为,“做是发明,是创造,是实验,是建设,是生产,是破坏,是奋斗,是探寻出路”,“做的最高境界是创造”,是教师教和学生学的过程中的中心。在这里,“做”含有行动、思想、产生新价值的特征,由行动而发生思想,由思想而产生新价值,这便是创造的过程。关于行动、思想和创造三者的关系,陶行知有一个形象的比喻:“行动是老子,思想是儿子,创造是孙子”,“行动是中国教育的开始,创造是中国教育的完成”。行动的教育是要让学生从小做起,从小就要学用玩具,学制造玩具、学具、工具等,而不是在传统教育的死记硬背上下功夫从而丧失了行动和创造的本能。

【知识链接】 陶行知的幼儿教育思想:生活教育理论和教、学、做合一的教育方法。

【案例 8】 “蟾蜍,你好吗?”①

有一天,阳光和煦,陈鹤琴同儿子一鸣(1 岁 10 个月)在草地上玩耍,他们一起观赏花草,识别昆虫,玩得兴致勃勃。突然,有一只大蟾蜍蹦了出来,一跳跳到一鸣眼前。这只蟾蜍长得特别大,一鸣以前从没有见过这么大的蟾蜍,他脸上顿时露出害怕的神色。举起手来向后退,并且喊叫说:“咬!咬!”陈鹤琴走过去,从地上拾起一根小草棍,轻轻地去刺着那只蟾蜍说:“蟾蜍,你好吗?你也来同我们一起游戏吗?”一鸣见爸爸在同蟾蜍说话,也就凑了上来,后来,他接过爸爸递给他的草棍也去刺刺蟾蜍,起初一触就缩回来,仍显出有些害怕的样子,但慢慢地他就平静下来,不再像当初那样害怕了。

【能力培养】 陈鹤琴的教育方法有什么特点?

---

① http://www.100md.com/html/paper/1004－969X/2007/04/17.htm

【案例评析】 陈鹤琴先生是我国著名的儿童教育家，创立了"活教育"理论。陈鹤琴指出："大自然、大社会，都是活教材。"活教育方法论的基本原则是"做中教、做中学，做中求进步"。活教育重视直接经验，他认为"做"就是与事物发生直接接触，获得直接的经验，知道做事的困难，认识事物的性质。

【知识链接】 陈鹤琴的幼儿教育思想。

第二章　幼儿教育与儿童发展

【案例1】　认识球

一位教师在教幼儿认识球体时，她将教室布置成一个游戏厅。幼儿有挟玻璃珠的，有吹泡泡的，有打保龄球的，有玩滚球的，有拍皮球的。在玩的过程中，幼儿充分感知了球体的外形特征。

【能力培养】　这个老师的做法与一般老师的做法有何不同？你认同这种做法吗？为什么？

【问题解决】　如果让你叫幼儿“认识球体的外形特征”，你会怎么做？

【案例评析】　幼儿教育的终极目的在于幼儿的发展，因此了解儿童发展的内涵是做好教育工作的前提。该老师在教育教学过程中充分认识到依赖于儿童的主体活动。儿童的发展既不是一种先天存在于儿童机体内等待发现和发掘的结构或功能，也不仅仅是完全由外在环境刺激的性质所决定的一种反映模式。儿童的发展，是作为一个生物和社会个体的儿童运用自我调节机制的活动结果，也就是说，儿童主体的活动是儿童发展的源泉。幼儿是在与环境积极地相互作用过程中实现自身的发展的，这一相互作用过程就是活动。

【知识链接】　儿童发展的内涵。儿童发展的内涵主要包括以下内容：儿童的发展建立在其生物遗传素质基础上，儿童的发展依赖于儿童的主体活动，实现发展是儿童的权利。

【案例 2】　儿童发展历程

（图片引自高丽芷著.感觉统合(上篇：发现大脑).南京：南京师范大学出版社,2007）

【能力培养】　上述图片反映了儿童发展的什么特点？

【案例评析】　在儿童的发展过程中,无论是身体的发展还是心理的发展,都表现出一种稳定的顺序。上述图片反映了儿童行动能力的发展中,依照着坐、爬、站、走和跑等这样一种不变的顺序。所有儿童的发展都经历这样的顺序而不可逆转。这就是儿童发展的顺序性特点。在儿童身心发展过程中,所表现出来的这种顺序是固定不变的。先前的发展变化,又是其顺序序列中紧随其后的发展和变化的基础,顺序性所具有的这一特点,使儿童身心发展成为一种连续的、不可逆转的过程。

【知识链接】　儿童发展的特点之一：顺序性。

【案例 3】　“丑小鸭”变成“白天鹅”①

有这样几只“丑小鸭”：

一个小孩四岁才会说话,七岁才会写字,老师对他的评语是：“反应迟钝、思维不合逻辑,满脑子不切实际的幻想。”

一个孩子不爱上学,上课时心不在焉,像是在做白日梦,学习成绩一塌糊涂。有一次,老师问他 1＋2 等于多少？他的回答是 3。看到老师

① 胡明根.影响教师的100个经典教育案例.北京：中国传媒大学出版社,2004：210—212.

拍桌子了，又改口说是2，同学们都说："那家伙是呆子！"

一个孩子上小学时总是倒数第一，老师曾半开玩笑半带鼓励地问道："你能不能偶尔也来个第一名呢？"

一个孩子在读小学时以善于打架和讲故事著称，而学习成绩却是全校倒数第一。

一个孩子在小学毕业时因为成绩不好没有拿到毕业证；念初一时，因为数学不及格不得不补考。

一个孩子曾被父亲抱怨是白痴，在众人眼中，他是毫无前途的学生，艺术学院考了三次还考不进去。他叔叔绝望地说："孺子不可教也！"

一个孩子经常遭到父亲的斥责："你放着正经事不做，整天只管打猎，捉耗子，将来怎么办？"所有的教师和长辈都认为他资质平庸。

而最后，这几个孩子却分别成为这样几只"白天鹅"：有史以来最伟大的物理学家爱因斯坦；被誉为人类历史上最伟大的科学家牛顿；19世纪最有代表性的浪漫主义诗人拜伦；英国大文豪司各特；中国著名数学家华罗庚；伟大的雕塑艺术家罗丹；伟大的生物学家、生物进化论的创始人达尔文。

这些昔日的"丑小鸭"，长大后却成了最伟大的天才！虽然他们早年愚钝，可后来却照样取得光辉的成就，为人类创造了不可估量的价值。

【问题解决】 你是怎样理解"多一把衡量的尺子就会多出一批好孩子"这句话的？你相信"丑小鸭"会变成"白天鹅"吗？在这个变化过程中你认为你该做些什么？

【案例评析】 这个案例反映了美国学者霍华德·加德纳的多元智能观。加德纳认为人类有八种不同的智能；(1) 语言智能，诗人、律师都充分运用了语言智能；(2) 数理逻辑智能，科学家主要运用这种智能来处理工作；(3) 音乐智能；(4) 空间智能，工程师、航海家、水手、外科医生、雕塑家等是具有高度发达的空间智能的例子；(5) 肢体运动智能，运动员就是运用此种智能；(6) 人际关系智能，主要是对他人情绪、情感方面的理解，政治家、销售员、教师都较多地运用它；(7) 自省智能；(8) 自然观察智能。这八种智能彼此独立而又相互关联，它们在人类智能结构中绝对是平等的，每个人拥有这八种智能中的若干种，但是可能没有谁能够同时拥有这八种智能的全部。正是由于每个人拥有的智能不同，构成了人与人的差异，也构成了人类社会的丰富性。

从多元智能理论来看，几乎每个人都是聪明的，但聪明的范畴与性质却有个别差异。各种智能是以潜能的形态存在于我们心灵之中，只要给予恰当的鼓励、机会、环境和教育，几乎每个人的所有多元智能均能得到相当高度的发展，而且可以远远超乎我们所预期的境界。

然而在传统的教育中，我们对所有教育对象规定了一个统一的培养要求。如果达不到这些要求，他(她)就可能会受到歧视甚至侮辱，会被老师和同学们讥笑为“呆子”、“白痴”、“不可教的孺子”。这种忽视人的智能差异的做法显然是极其错误的。现代幼儿教育强调对儿童的关注，尊重儿童的个体差异，提倡“多一把衡量的尺子就会多出一批好孩子”。教师要以宽容博大的心胸，真诚地面对自己的孩子，坚信每个幼儿都能成功，当然这种成功是有层次的，是有个性差异的。

正如布鲁纳说的：“只要提供适当的条件，几乎所有人都能学会一个人在世界上所能学会的东西”。陶行知先生也曾说过：“你的皮鞭下有瓦特，你的冷眼里有牛顿，你的讥笑中有爱迪生。”这说明，任何一只“丑小鸭”在不久的将来都有可能成为美丽的“白天鹅”，这就需要我们的教育工作者用一双智慧的眼睛去关注、去呵护，在最大程度上了解每一个儿童，知道他们的长处和短处，更好地提供教育措施，让他们能够在最大程度上发挥潜能，走向成功。

【知识链接】 儿童发展的特点：不平衡性、阶段性、个别差异性、分化与互补的协调性。

【案例4】　我们这样对孩子

(1)老舍怎样对待孩子

1942年8月，老舍先生在《艺术与木匠》中有这么一段：“我有三个小孩，除非他们自己愿意，而且极肯努力，做文艺写家，我绝不鼓励他们，因为我看他们做木匠、瓦匠或做写家，是同样有意义的，没有高低贵贱之别。”

老舍先生在谈到对孩子们的希望时写道:“我想,他们不必非入大学不可。我愿自己的儿女能以血汗挣饭吃,一个诚实的车夫或工人一定强于一个贪官污吏。”

老舍先生特别珍视儿童的天真,认为这是天下最可贵的,万万不可扼杀。他主张儿童“宜多玩耍”,最害怕看见“小大人”、“小老头”和“少年老成”。

(2) 一位家长的反思

当我像往常一样对我五岁的儿子大声呵斥:“快点收拾玩具,看你到处乱扔像什么样子!”儿子却一动也不动,嘴里还嘟囔着:“我就喜欢放在这里,不用你管,你根本就不爱我!”接着,他飞快地冲进了房间并且“砰”的一声用力甩上房门。我吃了一惊,立刻就想把儿子从房间里揪出来狠狠地揍一顿,但理智阻止了我的冲动。过了十几分钟,我的情绪平复了,愤怒消失了,取而代之的是不安:儿子说我不爱他,他难道真的不知道我有多么爱他?他为什么感觉不到我的关爱?我回想自己刚才的言行——口气生硬粗暴,换个位置,我也会难以接受,难怪儿子会认为我不爱他。

(3) 日本幼儿园令中国妈妈目瞪口呆的事儿

这是很震动我的一个场景,早晚接送孩子的时候,看到其他日本家长,无论是爸爸、妈妈,还是爷爷、奶奶,手里一律空着,而上面所说的那些少说也有两三个大包外加书包都由那些花朵们肩背手拿着,而且还都跑得飞快。我们呢,自然还是咱国内的传统,田田空手,我拿包。过了两天,老师就来和我聊天了:“田田妈,田田在学校可是什么都自己做啊……”日本人惯于只说半句话,后面的让你琢磨去。我立刻就明白是在问家里的情形了,看我还在想,老师就说了“比方说上学时拿包吧……”这就是委婉的提醒。从此就只好让田田自己拿了。等开家长恳谈会时,我和大家说“在中国幼儿园,习惯家长拿东西”。这回轮到日本妈妈们目瞪口呆了,异口同声地问:“为什么?”

(4) 成功教育

有位父亲整天和自己的儿子闹闹哄哄，父子没上没下，没大没小。外人看了说：孩子这样教，将来肯定没出息。十几年过去了，谁知道这个孩子轻松考上了清华。别的父母一看傻眼了，都想知道他教育儿子的秘诀到底是什么？

这位父亲说："还是不讲的好，讲了你们也做不到。"他越是不说，那些父母越想知道："你就说说吧，儿子这一代做不到，用在孙子身上总可以吧？"

这位父亲被逼无奈，说："我教育儿子的秘诀其实很简单，就 4 个字。在我儿子 4 岁生日时，我正式和他结拜兄弟。"

【能力培养】 以上案例中的成人是怎样看待儿童的？

【问题解决】 如果换成是你，你会这么做吗？

【案例评析】 老舍认为孩子就是孩子，孩子是独立于成人之外的个人，有自己的选择权，有自己的兴趣爱好，不必按照成人的希望去发展成长。材料(2)中的家长原本认为孩子必须服从家长的指令，家长有权随意处置孩子，但是通过对自己行为的反思，明白了儿童是有他自己想法的个体，成人与儿童的关系是对等的。日本人认为儿童和成人一样，是一个有责任的人，需要自己承担作为独立的人的责任。材料(4)中的家长认为孩子和家长是平等的，没有高下、尊贱之分，除了年龄上的大小区别之外，不存在其他大小的关系。

上述成人的行为体现了人们对儿童的认识与看法，即儿童观。儿童观的形成受社会的政治经济的制约，受传统文化思想、哲学、社会学、生理学、心理学的影响，特别是儿童发展理论的影响。对儿童发展的看法不同，儿童观不同，教育儿童的内容、方法以及具体任务也不同，就有了不同的教育观。树立正确的儿童观才能开展好教育工作。

【知识链接】 儿童观。儿童观是对儿童及儿童发展的认识和看法。它具体涉及儿童身心发展的特点，儿童期的意义与价值，儿童的权利和地位，教育与儿童之间的关系等问题。儿童观问题从根本上来说是人类社会对于人类自身不成熟的幼体的生存和发展持什么看法的问题。

【案例5】 牛奶打泼以后

王老师刚给小朋友端好牛奶，才一转身，就听见几个小朋友一起叫起来："王老师，杨艺的牛奶打泼了！"王老师转过头去一瞧，可不是吗，牛奶正顺着桌沿往下滴呢，可还没等王老师说什么，杨艺和唐震就用手指着对方，一起说："是他(她)，是他(她)把牛奶打泼的。"

王老师有些生气地问："到底是谁打泼的？""是他(她)。"他们异口同声地叫起来。"是吗？"王老师陷入沉思，杨艺是班里的乖孩子，聪明，漂亮，大家都喜欢她。而唐震呢，则是个十分调皮捣蛋的孩子，常做一些莫名其妙的事。想到这儿，王老师立即看着唐震想好好地批评批评他，没想到，看到的却是他那清澈的双眼，紧张地看着自己，难道……？王老师心里一动：难道这次不是他？可不能在没有弄清楚事实真相前随便批评人，要不会深深地伤害到孩子。

于是，王老师又问了他们俩几次到底是谁把牛奶打泼的，可他俩都说不是自己，是对方，周围的小朋友也说是唐震。王老师听了就生气：不但不承认自己的错误，还要撒谎，真得好好地批评批评。可再一瞧唐震那双无辜的眼睛，究竟是怎么回事呢？王老师灵机一动，想出一个好办法来，她对全班小朋友说："现在王老师也分辨不出到底是谁把牛奶打泼了，但是杯子上面肯定留下了他的指纹，我们每个人的指纹都不一样的，所以我们现在就请医生阿姨用显微镜来帮助我们看看，这只杯子上到底是谁的指纹。这样我们就知道到底是谁把牛奶打泼了。"

没想到王老师话还没说完，杨艺就低下头去开始哭起来，王老师一下子就明白到底是怎么回事了。王老师也非常吃惊，自己差一点就错怪了一个无辜的孩子，差一点就对一个孩子造成无法弥补的伤害。更甚的是，其他孩子因为唐震常调皮被老师批评，现在发生了和他有关的事情就全都认为是他干的。这也给王老师敲响了警钟，不管遇到什么事情，一定要耐心地了解清楚事情以后才下结论。

【能力培养】 分析该案例中教师的儿童观。

【问题解决】 如果你是该班的老师，遇到这个事情你会如何处置？

【案例评析】 首先，孩子们一起生活在一个集体中，教师就像孩子的妈妈一样，在孩子的心里，老师就是绝对的权威，但是每个孩子都同样希望得到老师的关爱，不论是漂亮的、能干的、聪明的孩子还是调皮捣蛋、不爱学习的孩子，他们都渴望老师是关心自己，爱自己的。

如果因为个人喜好，将私人感情融入对孩子的爱中，那么爱的天平就倾斜了，对于孩子是不公平的。在以上案例中，两个孩子互相指责是对方把牛奶打泼的，老师并没有主观地认定是唐震干的，而是深思熟虑："不能在没有弄清楚事实真相前随便批评人，否则会深深地伤害到孩子。"正因为王老师用正确、公正、客观的方法评价每个孩子，才会让唐震免受伤害。

其次，幼儿年龄虽小，但与成人一样具备了人格，享有自己的权利。王老师耐心地听完杨艺和唐震的话后，没有根据杨艺和唐震以前的表现，判断这次是唐震犯了错，就武断地责怪他，而是反复仔细地询问。也没有因为其他小朋友的"证词"就认定是唐震犯了错，而不听他申辩。在这件事情的处理过程中，王老师充分尊重了幼儿的人格和权利，保护了幼儿的自尊心，给予孩子公平的机会。

第三，要以发展的眼光看待每个幼儿，充分肯定每个幼儿的长处。每个孩子都是一个不断发展的个体，身为幼儿教师，应当善于发现每个孩子的进步，捕捉每个孩子的闪光点。唐震虽然调皮捣蛋，但是他也有自己的优点，比如画画得好，爱学习，回答问题时的声音响亮、清楚……。所以，在活动中不应以老眼光看待幼儿。更何况，老师这次处理事情的耐心可以让唐震更加信任老师，慢慢地改掉缺点呢！而且也能让老师以后更好地开展工作。

第四，教师应有正确的教育评价观，坚持正确的价值取向，改变横向比较的方法。横向比较对于孩子无疑是有百害而无一利的，案例中的王老师没有拿唐震和杨艺作横向比较，没有因为杨艺是班上聪明、能干、漂亮的孩子而认定一定是唐震在撒谎。于是聪明的王老师想出了一个好办法：利用医生阿姨的显微镜来查查是谁的指纹。王老师用这个科学的方法巧妙地了解了事实的真相，让孩子主动承认了错误。

【知识链接】 科学儿童观的内涵。科学的儿童观主要包括以下几点：

1. 儿童的发展是生物因素和社会因素多层次相互结合、相互作用的过程；

2. 发展不是孤立地、静止地由于某一因素的作用而发展，而是由多种因素参与其中的动态发展过程；

3. 儿童是发展的主体，是在主体与客体相互作用的过程中，主动而不是被动地发展的；

4. 儿童具有发展的潜力，在适当的教育和环境的相互作用下，有可能最大限度地发展儿童的潜力；

5. 每个儿童都是独特的个体，发展水平和速度不同，兴趣和爱好不同，不可能以年龄或班级为标准来武断地划一；

6. 儿童通过活动而发展，在对物体的操作和与人的交往中发展知识、能力和个性，而不是坐着、只通过听或看教师的说和做而发展；

7. 儿童身心各方面是一个整体，对他们进行体、智、德、美几方面的教育也是相互联系的，应使儿童从小获得初步的全面的发展，不要孤立地只偏重某一方面的发展；

8. 儿童是权利的主体，每个儿童都拥有发展权、受教育权等，这些权力应受到尊重和保护。

【案例6】 你有这个权利吗？

事件1：6岁的强强因爸爸被捕入狱而性格偏执，为了让幼儿园配合教育好强强，强强妈妈将此事告诉了强强的带班老师李某。谁料，李某对经常打人的强强十分讨厌，不仅不配合强强妈妈教育强强，反而经常对强强冷嘲热讽，并将强强爸爸入狱的事情告诉全班幼儿，致使全班幼儿疏远强强，常说强强是个大坏蛋。强强性格由此变得更加偏执，患了严重的心理疾病。

事件2：5岁的辉辉就读于腾飞幼儿园，腾飞幼儿园将该园幼儿绘画作品结集出版并公开发售，其中选登了辉辉的6幅作品。辉辉妈妈看到后，认为幼儿园应该支付稿酬。可是幼儿园园长解释说："你儿子才5岁，不享有著作权。况且你儿子的作品是在我园教师辅导下完成的。著作权应归幼儿园。"

事件3：年仅4岁的玲玲活泼可爱，她所在的幼儿园为她拍摄了几张照片，并将照片卖给了儿童玩具生产商张某，张某用玲玲的照片为玩具做形象宣传。玲玲父母认为幼儿园侵害了女儿的肖像权，但幼儿园认为照片属于幼儿园的作品，其行为不属于侵权。

事件4：小亮是一个聪明可爱的小男孩，现在读小学四年级。他的各门功课成绩都很好，连续几年被评为三好学生。最近，学校要成立兴趣小组，小亮喜欢踢足球，他想报足球小组；小亮的妈妈觉得小亮应该再加强英语学习，她要求小亮报英语兴趣小组。母子俩的意见发生了分歧，最终，小亮只得放弃足球，去学英语。

【能力培养】 上述案例中，儿童的哪些权益受到了侵害？你认为儿童应该享有哪些权益？

【案例评析】 儿童是不同于成人的正在发展中的社会成员，他们除了作为人的所有基本权利之处，还享有不同于成人的许多特殊的权利，如受保护权、受教育权、受抚养权等。事件1中的教师将强强爸爸入狱的事情告诉全班幼儿，致使全班幼儿疏远强强，侵害了幼儿的隐私权。事件2、3中幼儿园的做法侵害了幼儿的著作权和肖像权。事件4中的家长侵害了幼儿的选择权。儿童毕竟是稚嫩、弱小的个体，他们对自己权利的行使还必须通过成人的教育和保护才能实现。作为幼儿园、幼儿教师和家长，本应该保护儿童的合法权益不受侵犯，可是现实中应当承担保护责任的主体却反而在侵害幼儿的权利。

【知识链接】 儿童基本权益。生存权：生命权、健康权、生活保障权；受保护权：所有儿童都应该受到保护，处于困境下的儿童应受到特别保护，隐私权；发展权：受教育权、参与权、娱乐权。

【案例7】 毛毛的一天

伴随着朝霞的曙光，毛毛又迎来了新的一天。他踏着轻快的脚步，高高兴兴地上学了。毛毛于 7:00 到校,在上课的时候,毛毛的心情十分愉悦,积极发言,回答问题,还向老师提出了许多问题,受到了老师的赞扬。

中午的时候,回家发现妈妈看了他的日记,毛毛很生气,但是妈妈却说是为了想知道他最近的情况。

毛毛闷闷不乐地向学校走去,在路上却发现他以前在照相馆拍的照片被放大了当作广告使用。毛毛去问他们,但是照相馆却说照片的底片归他们所有……

无奈的毛毛只好去学校上课了。下午他和同学们在操场上玩儿,一个高年级的学生向他要钱,还威胁他不许告诉老师,否则就给他点儿厉害瞧瞧。毛毛很害怕,只好准备以后每个月都交保护费给那个高年级的学生。在忐忑不安中,毛毛回家了,他的脑海里一片空白。

【能力培养】 毛毛在这一天中,享受了什么权利?毛毛哪些权利受到了侵犯?如何才能保障儿童的权益不受侵犯?

【案例评析】 毛毛享受了受教育权。毛毛隐私权、肖像权、财产所有权受到了侵犯。从这个案例来看,现实生活中儿童权利受到侵犯的情况大量存在。这与人们不了解儿童的权益和没有树立正确的儿童观有直接的联系。因此,尊重和保护儿童权益,需要父母、老师、乃至成人社会所有的人,了解儿童的权益,树立正确的儿童观,提高保护未成年人权利的能力。国家层面对儿童权利、儿童福利的法律、政策的实施,有赖于全社会的成年人共同努力。

【知识链接】 儿童基本权益的保障。了解儿童的权益是尊重和保护儿童权益的必要前提,树立正确的儿童观才能有效保障儿童权益,尊重儿童的主体地位是保障儿童权益的核心。

【案例 8】 谁的种子先发芽

有一天,徐子慧小朋友急匆匆地跑来告诉我:“老师,老师,我的种子的皮给小朋友弄破了。”听她这么一说,我和其他小朋友赶紧围过来仔细观察,还真的有小绿豆破了皮儿,上面还有小白点。小绿豆出芽了,并不是让人弄破了。但是我没有直接告诉孩子们，想听一听孩子们的说法，了解一下孩子们有没有关于发芽的经验。这时，周楷文说："老师，上面还有小白点呢！"徐虎仔问："那个小白点是什么呀？是小芽芽吗？"黄一一说："不像，妈妈买来的绿豆芽可比它长。""那是什么呀？""我也不知道。呀，你看，我的菜种子有一点绿点了，老师，是不是发芽了。"那边董钿浩在叫；"老师，我的种子烂掉了。"旁边的邱骐鸿说："你给种子喝的水太多了。"为了鼓励孩子们的发现，特别是第一位发现者——徐子慧小朋友，让她把小绿豆的变化画在自己的记录表中，让黄一一也把菜种子的变化记录在表中，并用他们明白的符号做记录。同时也鼓励董钿浩小朋友，再接再厉，下午放学时特意吩咐其家长重新准备种子。然后，请他们把自己的发现告诉大家，直接肯定他们的行为，鼓励其坚持观察以激起大家的观察兴趣。我则把他们的话记录下来。从此，每一天幼儿都关注种子的变化过程，每一天都有新的发现，争着做记录，家长们也不甘落后，与孩子一起观察，关注种子的成长。幼儿的兴趣更加浓厚了。

【能力培养】 儿童的发展受哪些因素的影响？这些因素分别起什么作用？

【问题解决】 你还有没有更好的方法组织幼儿开展这种活动？

【案例评析】 通过《谁的种子先发芽》这一教育实例，使我们认识到教师与环境在幼儿发展中的重要作用。为了培养幼儿观察并发现植物变化的能力，注重研究孩子、研究材料，努力将教育目标物化在环境和材料之中，使幼儿在与环境的相互作用中主动获得发展。使幼儿在实验活动中，不断地进行观察记录，同时让家长也参与到观察中来，进一步提高幼儿的观察兴趣，进行连续性的观察。

幼儿通过自身的实践活动会产生对自己能力的一种认识和评价，如果幼儿在自己的活动中，能经常取得成功，体验到成功的愉快，能经常感受到别人的关心，就会产生自信心，从而激起他对学习的主动性。区域活动属于个别活动的形式，它可以给幼儿提供更丰富的学习经验，活动中孩子选择了适合自己的活动材料，使他们在没有压力的环境中主动地学习，获得成功的机会较多，并给幼儿提供了较多的同伴交往，在同伴面前表现自己、显示自己的机会,使同伴了解他,也使他了解同伴。在相互了解的过程来了解自己,产生自信心,从而促进幼儿自主性的发展。教师应根据幼儿年龄特点、教育内容变化不断创设新奇的环境,充分利用场地,为幼儿提供充分活动的机会,尽量让幼儿有更多的选择,从而引起幼儿参与的积极性和主动性,独立自主去观察、操作、探索、发现,从而认识问题和解决问题。

在活动中,教师充分认识到并尊重幼儿在活动中的主体地位,放手让幼儿创造性地、主动地活动。由此可以看出,要培养孩子某种兴趣并能将这种兴趣保持下去,老师的积极参与对孩子来说也是一种鼓励方式。为孩子提供更多的表现与展示的机会,是孩子们拥有成功感、增强自信心的必备条件。同时,成功与自信又会促进孩子自主发展并保持对某一事物的兴趣性,使之不断探索再获成功,从而形成一个良性的循环。这将对他们终身的学习和发展有利。

【知识链接】 影响儿童发展的因素。遗传是影响儿童发展的生物因素,环境是影响儿童发展的外部条件,教育是影响儿童发展的起主导作用的因素,儿童的主观能动性是儿童发展的内部动力。

【案例9】 神童与弱童

材料1: 1978年,整个中国的报纸、杂志、电视都在报道宁铂。据当时的报道,宁铂2岁半时已经能够背诵30多首毛泽东诗词,3岁时能数100个数,4岁学会400多个汉字,5岁上学,6岁开始学习《中医学概论》和使用中草药,8岁能下围棋并熟读《水浒传》。几乎一夜之间,这个戴眼镜的神奇少年为整个国家所熟知。

1982年,宁铂本科毕业留校任教,“19岁成为全国最年轻的讲师”又是一则抓眼球的新闻。同年,他第一次报考研究生,但报名之后就放弃了考试;第二次,他前进了一步,完成了体检,随后又放弃了;第三次,他又进一步,领取了准考证,但在走进考场前的一刻退缩了。后来他对别人解释说,他是想证明自己不考研究生也能成功,那样才是真正的神童。但汪惠迪老师和许多人一致认为:他只是过分地惧怕失败。

1998年，宁铂结婚，然后生子、给儿子喂奶、烫尿片、去菜场买菜……婚姻生活似不和谐，于是他醉心于研究佛学。2002年，他前往五台山出家，很快被学校领回去；一年后，他“成功”遁入空门。中国科大第一届少年班学生宁铂曾经对老师表示，造成他发展不利的因素有两条，一是媒体的宣传，二是他选错了专业。他说，如果他当时学围棋或中医，都会比现在有成就。

材料2：在铃木所教育的学生中，有一个双目失明的男孩子，父母希望通过音乐给这孩子带来一点光明，当时，铃木想尽量满足他的要求，但不知道怎么指导才好，所以没有立即同意。到了晚上，铃木突然觉得有了头绪：“对呀！不妨先使自己处于盲人一样的状态。”想到这里，他不由得从久坐的椅子上站起来，关上灯。顿时，屋里一片漆黑，伸手不见五指。在这黑暗中，孩子应以什么作为行动目标呢？怎样才能给他提供行动的线索呢？铃木边想边摸索着从箱子里取出小提琴和弓，轻轻地试拉起来。在拉琴的过程中，他并不感到有什么不自由，在黑暗中，弓和弦及间隔位置都清楚“可见”。于是，铃木确信，不用眼睛，只要把小提琴和身体融为一体，黑暗中的弓柄就会“看得见”，这就是孩子学会拉小提琴的重要条件。

训练拉小提琴的计划开始了。孩子用手拿起弓柄，用弓顶住手指，使弓上下左右移动……仅“掌握”弓的训练就进行了好几十次。他在十分艰苦的磨炼中，增强了对弓的感觉，终于“看见”了弓和弓柄。在此基础上，孩子开始学拉小提琴，一年之后，经过令人十分感动的努力，这孩子与普通孩子一样，能拉各种各样的曲子了。

因此，铃木得出这样的结论：正确观察或判断事物的能力，不是眼力，而是作为开发整个身体能力的内心感觉。眼力只不过是培养人的内心感觉的一部分而已。只要有生命，谁都有开发正确判断事物的能力，即使身体及其他感觉器官有缺陷。但在孩子生命中还蕴藏着不断弥补其缺陷的各种能力的可能性，其可能性引发不出来，应该归咎于教育工作者的无能。

【能力培养】　宁铂这个天才神童为何夭折了？铃木的教学为什么

能成功？以上案例对我们的教育有什么启发？

【案例评析】 儿童虽然发展变化迅速，具有巨大的学习潜力，但是这种发展特点只是说明了儿童具有很大的发展“可能性”。要将这种发展的可能性变为现实性，需要成人提供适宜于儿童发展的良好环境，尤其是良好的教育影响。已有研究证明，早期教育对于儿童的认知发展具有重要影响。单调、贫乏的环境刺激和适宜的学前教育的缺乏，会造成儿童的认知方面的落后，而为儿童提供丰富的感性经验并给以积极的引导、帮助和教育则能够促进其认知的发展。教育能影响儿童的发展，但是，教育要发挥这种作用，必须遵循儿童的发展规律，违背儿童身心发展特点的教育是不能起到正面的促进作用的。

【知识链接】 幼儿教育与儿童发展的关系。幼儿教育影响儿童的发展，同时幼儿教育要受儿童发展的制约。

第三章　幼儿园教师

【案例 1】　幼儿园教师工作面面观

1. 幼儿园教师工作压力状况

幼儿园教师对工作的总体压力感反映了幼儿园教师对工作压力状况的总体感受和看法。本次调查发现，74.7%的被调查者认为，作为一名幼儿园教师，自己的工作压力较大或很大。

2. 幼儿园教师工作压力来源

本研究采用极大方差旋转，得到因素负荷矩阵，结果发现，幼儿园教师的工作压力均与工作特征、家庭及社会、幼儿园管理、职业发展、压力反应五个维度中的某一因素有较高相关。在工作上，幼儿园教师的工作压力主要包括过分强调幼儿安全问题、班级幼儿数过多、工作量大等方面；家庭及社会因素方面，幼儿园教师主要承受家庭住址与幼儿园距离较远、幼儿家长的要求过高等方面的压力；幼儿园管理方面，幼儿园的聘任制管理、领导频繁的检查、听课等活动加大了幼儿园教师的工作压力；进修和学习的机会、经验教师的指导、地位和待遇等方面的差异会加大幼儿园教师的职业发展压力；疲劳程度、头疼气闷程度、睡眠状况、焦虑状态、离职倾向、脾气的变化等会影响幼儿园教师的压力反应。

3. 多数幼儿教师对职业现状满意

据了解，以前社会上对幼儿教师的地位流传着这样一种看法："幼儿教师不是老师，而是看孩子的阿姨。"随着人们对学前教育重要性认识的提高，更多的人开始意识到幼儿教师不可替代的地位和重要作用，对于此，幼儿教师自身的看法也发生了不小的改变，采访中，90%以上的幼儿教师都对自己职业的现状表示满意。

记者：幼教职业最吸引你的是什么？

李老师：当初从事这个职业就是因为自己喜欢孩子，而且整天跟孩子在一起觉得特别开心，虽然孩子哭闹的时候也会让你觉得心烦，但是每次只要听到他们齐声喊“老师好”就什么都不记得了。而且我觉得做幼儿教师在心态上比别的职业要年轻得多，面对孩子你会变得更加积极向上。每天面对众多可爱的孩子，把知识传授给他们，使他们成为有用之才，也会让自己觉得特别有成就感。

【能力培养】 幼儿教师与小学教师有何相同与不同之处？幼儿教师职业劳动有何特点？

【案例评析】 幼儿园教师从事幼儿教育工作，根据教育目的和培养目标，指导幼儿开展各项活动，并且照顾他们的饮食、睡眠、餐点，促进他们在身体、品德、认知和行为习惯及审美方面的发展。因此，幼儿教师和其他职业相比，具有其自身的特点。首先，幼儿教师对幼儿的吃、喝、拉、撒、睡、学、玩样样都要管，事情繁杂，工作强度大，所以幼儿教师职业压力比较大。其次，幼儿教师每天面对的是一群拥有无穷想象力和强烈好奇心的儿童，幼儿教师劳动的创造性因此而特别突出。再次，幼儿教师的劳动对象是生活在与教师本身完全不同世界的人（幼儿生活在儿童世界里），他们天真、幼稚，需要幼儿教师用忘我的境界去与幼儿生活。

【知识链接】 幼儿园教师的职业特点。劳动对象的主动性和幼稚性，劳动任务的全面性和细致性，劳动过程的创造性。

【案例 2】 分享活动中有什么？

一、背景

（一）一次分享活动传递给教师的信息

周五是分享玩具、食物的时间。

张志远带来了一袋番薯干，塑料袋上印有“营养番薯干”。“我请小朋友尝尝番薯干，这是我从家友超市买的，我昨天和奶奶一起买了两袋，一袋在家里分享，可好吃了，这一袋我请大家尝尝！”小朋友们纷纷坐得端端正正，瞪着眼睛看着，希望先尝为快……

不一会儿，每个小朋友都拿到了一块番薯干，有的大口吃掉了，有的细细品尝。“这个番薯干很甜，软软的。”“我以前吃过舅婆做的番薯干不是这样的，是咖啡色的，大块的。”“这种番薯干的颜色和老南瓜有点像，都是橘黄色。”宸宸说：“我觉得它和橡皮泥的颜色很像，我们用橡皮泥来做番薯干吧！”孩子们都表示赞同：“我也想捏，我也想做……”

（二）一个教师对相关信息的接收和回复

1. 发现孩子们自发地出现了“新兴趣点”——他们希望捏制自己的番薯干。

捕捉这次分享活动中的教育契机，灵活地生成一次美工活动——捏制番薯干。

2. 分析“捏制”活动在中班幼儿中的可操作性

① 中班幼儿在近两个学期的捏泥中已基本掌握了捏、搓、压等简单技能，会概括出番薯的基本形状——长方形；② 我们为幼儿提供的彩泥色彩鲜艳、质地软、易于表现，并附有塑料小工具；③ 教师本身对捏泥有浓厚的兴趣，在生成游戏中能灵活地调动幼儿积极性。

二、案例与分析

（一）讨论加工过程

（二）跟踪操作流程

分析：

在操作中出现了两个细节：制作和排列。

给孩子尝试的自由，一是切的方法，二是捏的方法，教学任务的最终目的是什么？是发展幼儿的表现力。所以可以捏成圆柱状的，可以切成正方形的，长方形的，橘红糕那样的，只要幼儿获得成功的喜悦都有效。

排列并不是教师硬性规定的，教师只是有意识地让幼儿平铺在板上，当发现排序造型能力强的幼儿有突出表现时，教师不吝赞美之词。

（三）评价引发高潮

教师：“我们的番薯干做成了，现在我们根据不同的加工贴上绿色食品标签，不过，我们的标签有三种，一种是菜场，一种是超市，一种是出口标记，飞机上印着 Made in China 中国制造。大小相近，排得整齐的像涵涵、心怡、旎旎的可以出口，她们做的番薯干可以送上飞机，到日本、美国去卖。东东的粗细差不多，但有的长有的短，包装好可以运到超市。祺祺的挨得紧紧的，晒得不够透，也可以送到超市。源源的味道不错，卖相不够好，去菜场卖是可以的。"

成成跑过来问："我的番薯干味道毛好，为什么不能坐上飞机？"

教师："你和别的比比，加工得不够好，怎么能代表中国制造？"

成成："我回去再做过。"说完回去仔仔细细地用宸宸的办法再切了一遍，这回比刚才整齐很多："老师，现在行了吗？"老师重新给了他一个超市标记："现在可以进超市了。"他不满足："下次我要争取飞机标记，让番薯干出国"。

我们评价一件美工作品，常见的方法是画上或贴上五角星，幼儿以星多为荣。在本活动中教师联系实际生活，生活中的食品根据加工工艺不同，不起眼的，本不值钱的东西既可以出口创外汇，可以进超市，也可以进菜场，由此让评价变得更有趣味性，让幼儿了解"Made in China"就是中国制造，增加民族自豪感，当幼儿知道番薯干也能出口时很惊讶。

（四）活动的延伸

根据活动中孩子的关注点，我们又开展新的活动。

1. 美术活动：设计包装袋。

2. 科学活动：好吃的土特产。

【能力培养】 分析此活动中幼儿教师的角色

【案例评析】 幼儿教师是幼儿学习的支持者。在这个活动中，教师从孩子的兴趣出发，把预定的目标和幼儿的自发学习结合起来，以支持者、合作者、引导者的身份参与到活动中，灵活调动幼儿的主动性和积极性，孩子们学得投入，效果更好。教师在游戏中的角色是观察者、支持者。教师为幼儿创设宽松自由的环境，鼓励他们探索发现问题，研究解决问题，培养他们独立解决问题的能力。当幼儿遇到障碍时，不包办代替，支持他们去实践，让幼儿成为自主学习的能人，获得成就感。支持孩子们积极的互动学习。同伴及其交往是孩子互相观察模仿、讨论、合作的学习资源与环境，他们从同伴的行为对比自己的做法，在老师的引导下愉快学习。在讨论中教师让幼儿去尽情讲述自己的所思所想，鼓励孩子运用经验解决老师传来的球"怎么做"。在跟踪流程中，教师发现孩子中科学的操作方法就推荐给大家。活动后评价新颖引发高潮，带动幼儿细致、认真地再操作，这样的生成活动帮助孩子学会学习，从生活中自主学习，在教师的支持下得到多方面发展。

【知识链接】　当代幼儿园教师的角色定位。幼儿教师是影响幼儿发展的"重要他人"，她的角色定位引起社会各方面的关注。《幼儿园工作规程》、《幼儿园教育指导纲要》、《幼儿教师专业标准》等各类法律法规文件都对幼儿教师的角色提出了要求和任务。幼儿教师是履行幼儿园保教工作职责的专业人员，是以幼儿为教育对象，以幼儿教育为职业的专业工作者。由于幼儿的身体、认知、情感、社会性等各方面正处在从不成熟向初步发展的过程中，因此幼儿教师必须承担起幼儿的养护者、沟通幼儿与社会的中介者、幼儿学习的支持者等多种角色。此外，幼儿教师还要成为家长的合作者。

【案例3】　幼儿园教师的尴尬事

事件1：林老师是机关幼儿园中一班的班主任。在一次外出学习的过程中，发现外校的逻辑狗教学很有特色。为此，回校后就积极准备并在本班展开了逻辑狗实验教学，结果没开展半月，园长便把林老师叫到了办公室，"有家长反映说林老师上课不按照幼儿园的安排好好上课，随便给孩子乱上课。"林老师把事情的缘由给园长解释了一下，但是园长却坚持让林老师停止教学实验。

事件2：2002年11月底，上海市某幼儿园老师居某与徐某向所在幼儿园提出，按合同规定享受孕妇有关福利，没想到园方竟提出要与她们解除合同。1个月后，园方在园内张贴了开除这两名怀孕教师的公告，并把开除通知送到她们手上。两人不服园方这一决定，向有关部门反映，希望维护自己的合法权益，却屡屡遭拒。无奈之下，只好于2003年4月起诉到法院。

事件3：明星幼儿园的张老师和李老师被派往湖南长沙参加那里举办的学前教育学术交流会。在学术交流的现场，有很多大学院校的教授分别交流了自己的观点和看法。张老师听完教授们的看法很受启发，但是她对某教授的某一个观点不同意，并义正词严的纠正了该教授的观点。散会后，李老师便提醒了张老师说："咱是幼儿园的老师，咱是来这学习的，不是来提意见的，以后咱还是不发言的好。"

事件4：一位在幼儿园工作了20年的卢老师，在一次市教育局的会议中结识了一名幼儿教育学的博士，与博士交谈后，发现自己的知识已经严重过时，需要进一步的学习了。为此，回到幼儿园卢老师便向园长申请去进修的机会，但是园长却一口否决了。

【能力培养】 上述案例中幼儿教师的要求是否合理？为什么？

【问题解决】 如果你是案例中的幼儿园教师，你打算怎么办？

【案例评析】 我国《教育法》、《教师法》规定："教师享有法律规定的权利，履行法律规定的义务，忠诚于人民的教育事业"。教师职业享有的社会权利除了一般的权利外，还享有职业本身所赋予的专业方面的权利。以上事件1中林老师积极开展教育教学实验却遭到园长的阻止，园长侵害了林老师"开展保育教育改革和实验的权利"。事件2中园方对怀孕的老师不仅不采取照顾措施，而且做出开除老师的决定，严重侵害了幼儿园老师"按时获取工资报酬，享受国家规定的福利待遇以及寒暑假带薪休假的权利"。事件3中的李老师自己对"学习"理解不到位，认为学习就是接受别人的东西，不仅如此，还建议同事也不要发表自己的见解。主要是其对幼儿园教师的权利不够了解，幼儿园教师享有"从事科学研究、学术交流，参加专业的学术团体，在学术活动中充分发表意见的权利"。事件4中园长不仅不鼓励老师们学习进修，反而拒绝老师主动提出的参加进修的要求，打击了幼儿老师学习的积极性，侵害了幼儿教师"参加进修或者其他方式的培训的权利"。作为一个公民和专业教育工作者，幼儿教师应当为从事这种神圣的职业而自豪，应珍惜和保护自己的权利，认真履行自己的义务，为幼教事业的发展贡献自己的光和热。

【知识链接】 幼儿园教师的权利与义务。我国幼儿教师的权利：进行保育教育活动，开展保育教育改革和实验的权利；从事科学研究、学术交流，参加专业的学术团体，在学术活动中充分发表意见的权利；指导幼儿的学习和发展，评定幼儿成长发展的权利；按时获取工资报酬，享受国家规定的福利待遇以及寒暑假带薪休假的权利；参与幼儿园民主管理的权利；参加进修或者其他方式的培训的权利。

我国幼儿教师的义务：遵守法律和职业道德，为人师表；贯彻党的教育方针，遵守规章制度，执行幼儿园保教计划，履行聘约，完成工作任务；按国家规定的保教目标，组织、带领幼儿开展有目的有计划的教育活动；关心、爱护全体幼儿，尊重幼儿人格，促进幼儿的全面发展；制止有害于幼儿的行为或其他侵犯幼儿合法权益的行为，批评和抵制有害于幼儿健康成长的现象；不断提高思想政治觉悟和教育教学业务水平。

【案例 4】 "分"与"疯"

事件 1：一次，某班幼儿集体包饺子，孩子们积极参与，场面非常壮观。可是动动和陶陶却被教师清除了出去："去去，一边站，昨天都说过要剪指甲的，为什么没剪？你俩不准沾手！"动动一时委屈地哭了："老师，我昨天请假了没上幼儿园，我不知道要剪指甲的。让我包吧？"老师："我说不行就是不行！谁叫你指甲留这么长的？"教师说完后，丢下动动不管了。陶陶的确忘了请爸爸妈妈帮助自己剪指甲，站在一边不作声。眼见其他伙伴把饺子包完了，动动再也忍不住，"哇——"的一声大哭起来。

事件 2：说实在的，我和孩子在一起简直成为了"疯"婆子。而恰恰就在这"疯子"的游戏中，孩子们找到了安全港。找到了他们的"同龄人"，找到了他们所希望的生活。

记得在开学第一周，我们学习用毛巾的儿歌，我给每一个幼儿一块小毛巾，开始了我们的"疯子"游戏。毛巾可以藏猫猫，老师一声"喵呜"，小朋友快快把毛巾将脸遮住。几个来回，小朋友已经笑得弯下了腰。还记得我们玩"小演员"游戏，老师说哭，一会儿就哭，说大笑就笑，结果教室里出现了一片“哭”声，又迎来一片痴痴的大笑，又变化为带着羞涩的微笑，几个来回，“疯”孩子们的自控能力也都得到加强，留下的是情不自禁的欢呼雀跃。

“疯”使我和孩子的距离近了。“疯”可以给孩子带来一些发泄的机会。“疯”可以带动孩子不厌烦的学习，“疯”可以带给孩子满足感、安全感。你认为“疯”会使班级变成乱班吗？非也！我已尝到“疯”的甜头，我要再“疯”下去，要“疯”出水平来。

【能力培养】 幼儿教师与幼儿应该是一种什么样的关系？

【案例评析】 师幼关系是教师与幼儿之间的人际交往关系，良好的师幼关系有利于教育教学工作的顺利进行，有利于幼儿一生的健康和幸福生活，对幼儿一生的发展具有难以估量的重要影响。事件1中的教师为了维护幼儿常规，在不顾幼儿特殊情况的状态下，作为惩罚剥夺孩子参加集体活动的权利，使师幼关系变得非常紧张。事件2中的幼儿教师以幼儿为中心，以幼儿朋友的身份与孩子一起游戏，接近了教师与幼儿之间的关系，建立了良好的师幼关系。良好的师幼关系是高质量的教育活动的前提和关键。幼儿教师在教育教学实践中应该与幼儿取得平等地位，并尽量做到与幼儿心理同步，充分发挥教师与幼儿的积极性，让幼儿的身心得到健康发展。

【知识链接】 教师与幼儿的相互关系及其影响因素。教师与幼儿的相互关系主要表现为：教育者与受教育者的关系，保育者与被保育者的关系，长幼关系。影响教师与幼儿关系的因素主要有：文化，国家政策，教师人格素养，幼儿的个性特征。

【案例5】 师幼交往中的“皮格马利翁效应”①

在古希腊的神话中有这么一个故事：塞浦路斯国王皮格马利翁酷爱雕塑艺术。有一次，他在完成一座少女雕像时倾注了自己的全部心血和情感，并不禁对这尊美丽的少女雕像产生了爱慕之情。后来，他的热

---

① 卢秀安等. 教与学心理案例. 广州：广东高等教育出版社，2002：61—62.

望终于发生了效应，少女雕像突然活了起来，两人最后相聚在一起。这个神话故事所反映的“爱”的效应，被美国心理学家罗森塔尔（R. Rosenthal）实施到儿童的发展性预测实验中。其实验是：从一个小学中抽出一些学生进行测验，并给任课教师开出一张“有发展前途”学生的名单。过了8个月以后再次测验的结果发现，名单上的那些学生果然有了很大的进步。实际上，罗森塔尔是随意开出那张名单的，但任课教师信以为真，也就对这些“有发展前途”的学生抱有更大的期待，而这种期待，又势必会在与他们的交往中表现在态度和情感上。这些学生由于受到教师态度的积极影响，也就真的表现出教师期待中的反应，主动配合而取得很大的进步。罗森塔尔把这种因教师的期待而潜移默化促成学生进步的心理作用称为“皮格马利翁效应”。

【能力培养】　“皮格马利翁效应”对幼儿园教师建立良好师幼关系有何启示？

【案例评析】　以上实例说明，教师对学生的热情期待以及因此而产生的关怀鼓励态度，会在很大程度上唤起学生的灵性，并对教师报以积极的合作态度，以致促其进步。于是，人们把这种效应推广到人际关系中去，认为只要善意地知觉对方，有意或无意地寄予一定的期望，就会得到更好的报偿。因为尊重和好感就等于承认另一个人的价值，这种“热望”可以冲破对方内心世界的提防，使对方的真情得到流露，从而缩短双方的心理距离。

皮格马利翁效应给我们在幼儿园师幼交往中有深刻的启示，幼儿园教师往往总是喜欢那些活泼可爱的孩子。但是对于那些不起眼的孩子，如果你喜欢他（她），他（她）也会喜欢你；如果你对他（她）有积极的期待，他（她）才会慢慢地接近你的期待。因此，在师幼交往中，老师首先要表现出热望，对孩子表现出尊重、理解，以友好、平等、欣赏的态度对待每一个孩子。你的爱最终会潜移默化，促进幼儿身心健康发展。

【知识链接】　良好师幼关系的建设策略：创设平等自由、宽松愉快的心理环境，尊重、信任幼儿，欣赏肯定幼儿，让幼儿拥有更多的自信，促进良好师幼关系的形成。

【案例 6】 婴儿的哭声[①]

一个高级保育院高薪聘请 6 名教师，报名的女孩多达 300 人。文心是乡下刚进城不久的女孩，自身条件不差，但是与众多的佼佼者比，未必有必胜的把握。考试那天，刚进考场时，周围拥挤吵闹。她突然听到一个女孩的哭声。小孩因找不到家人，哭得很伤心。考试开始了，文心一人留下，哄好了小孩后，她才抱着小孩进教室，向监考人员说明了情况后，便匆忙地答卷。当好心的同伴埋怨文心时，她说："我考不上不要紧，小孩要是有个三长两短的，那就麻烦了。"结果，她出人意料地被录取了。原来这是院方的一道场外试题，仅文心一人过关，被院方当作教育案例极力表扬。

【问题解决】 幼儿教师什么素质最重要？

【案例评析】 这则案例在传递一个信息：爱幼儿是幼儿教师的本能之爱，也是最基本、最重要的职业素养。有人认为，幼儿园教师只要会弹唱跳，陪孩子们玩玩就可以了，其实不然。幼儿园教师是履行幼儿园教育工作职责的专业人员，需要经过严格的培养与培训，具有良好的职业道德，掌握系统的专业知识和专业技能。作为幼儿园教师，首先是要有爱心，而且还要会爱。在平时的工作中要注意细节，对每一位孩子都要富有爱心、精心呵护。为促进幼儿园教师专业发展，建设高素质幼儿园教师队伍，我国教育部于 2012 年 2 月根据《中华人民共和国教师法》，制定《幼儿园教师专业标准(试行)》，其中就把"专业理念与师德"、"职业理解与认识"等要求放在首位，这也是幼儿园教师的专业成长的基础。

【知识链接】 幼儿园教师职业素养：爱孩子是幼儿教师职业的本能。

【案例 7】 小鸟的葬礼

一个叫陈浩的孩子，父亲是个军人，母亲是个家庭主妇。孩子长得

① 林华民.世界经典教育案例启示录.北京：农村读物出版社，2003：193.

挺可爱，可就是爱打人，缺乏爱心，记得小班刚入园第一天，他把小朋友的脸抓破了。第二天，他又把自然角的金鱼给捏死了。第三天，他把口香糖胶放在其他小朋友的头发上……面对这种攻击性强、没有多少爱心的孩子，真是头疼。可是后来发生了一件事，使文海小朋友发生了很大的变化。

那天我正和孩子们玩着老鹰捉小鸡的游戏，突然发现陈浩不见了，当我四处焦急地张望的时候，他却飞一样跑过来，上气不接下气地说："不得了，老师，有只小鸟死了。"我以为他又在搞什么恶作剧。他又焦急地看着我说："真的！曹老师！"我也急了，三步并两步跑到现场，孩子们已围成一个大圆圈，果真有一只鸟躺在地上，翅膀明显受过伤。

孩子们瞪大眼睛望着我："老师你说怎么办呀?""哎呀！它真可怜！""你瞧！它的翅膀还在流血呢！"这时我观察到陈浩的表情由刚才的着急变得伤心，变得难过，群体的氛围也感染了他。此刻我的脑海里突然有了灵感，这不正是教育孩子的好机会吗？于是我和孩子们说起了小鸟的故事，小鸟的不幸深深地感染了孩子。我注意到陈浩的眼里闪动着泪花，我搂着陈浩的肩膀低声问："现在我们怎么办呢?"他伤心地说："老师，我们把它埋了吧，就像电视里一样，给它举行一个葬礼。"

我的心里一阵激动，一阵欣喜，这是调皮鬼说出的话吗？接下来孩子们和我一起找来了纸箱、玩沙的工具，一起挖了个大坑，真像电视里那样为小鸟举行了葬礼。陈浩和所有的孩子一样，表情是那么严肃，心情是那样难过。葬礼结束了，孩子们围坐在我身边，我对孩子们说："你们这么爱惜小鸟，老师真高兴，我们大家不仅要爱护所有的小动物，还应该爱护每一个小朋友，大家在一起友好相处，你们说对吗?"只见陈浩坐在那一声不吭，突然站起来走到前面哭着大声说："老师我错了！以后再也不捏小金鱼了，小金鱼多可怜啊！我也不打小朋友了！"

从这之后，我们发现陈浩真的变了，变得懂事了，不再和小朋友打架了。

【能力培养】 这个教师教育成功的秘诀是什么？它说明了教师应具备什么样的专业能力？

【案例评析】《幼儿园教师专业标准》从专业理念与师德、专业知识、专业能力三个维度对幼儿园教师提出了62条基本要求。幼儿园教师要“重视自身日常态度言行对幼儿发展的重要影响与作用”，要“关注幼儿日常表现，及时发现和赏识每个幼儿的点滴进步，注重激发和保护幼儿的积极性、自信心”。这个教师善于抓住日常生活中的细节，开展随机教育，并且贯彻“身教重于言教”的基本要求，用自身的行动感染幼儿，顺利地帮助幼儿越过障碍。

【知识链接】 幼儿园教师需要具备的能力。幼儿园教师需要具备以下能力：

(1) 观察、记录、分析幼儿活动的能力。能经常地、有计划地对本班幼儿进行观察，了解幼儿的发展状况；能及时做观察记录，并进行合理的分析评估。

(2) 制订教育、教学计划的能力。能根据幼儿园的总要求，结合本班特点和幼儿个性特点，制订班级教育计划（包括学期、周、日计划和教学计划等）；教育目标明确、具体、切合实际，有利于幼儿发展；能正确、恰当地选择教育内容，重点突出；能紧扣目标制订切实可行的教育措施，取得较好的教育效果。

(3) 组织教育活动的能力。善于组织教学活动，能灵活运用各种教学手段，指导幼儿使用学具和操作材料，启发幼儿的创造性思维，培养幼儿的动手能力；有效地指导游戏活动，能充分利用一切条件合理安排游戏环境，保持幼儿愉快情绪，促进幼儿身心健康发展；能合理安排幼儿一日生活，坚持保教结合，培养幼儿良好的生活习惯和自理能力。

(4) 做好家长工作的能力。会主持家长会，能较全面、准确地向家长反映幼儿在园情况，听取家长意见；主动了解幼儿在家情况，宣传科学育儿知识，共同制订教育措施，做好教育工作。

(5) 进行教育科学研究的能力。能根据工作需要自行确定和设计简单的教研课题，改进教育方法；能撰写教育论文和专题文章。

【案例8】　父亲·钉子·儿子①

从前有个脾气很坏的小男孩。一天，父亲给他一大包钉子，要求他每天发一次脾气都必须用铁锤在他家后院的栅栏上钉上一颗钉子。第一天，小男孩共在栅栏上钉了37根钉子。

过了几个星期，小男孩学会控制自己的愤怒，每天在栅栏上钉钉子的数目在逐渐减少。他把自己的转变告诉了父亲。他父亲建议说："如果你能坚持一整天不发脾气，就从栅栏上拔下一颗钉子。"经过一段时间，小男孩终于把栅栏上所有的钉子都拔掉了。

父亲拉着他的手来到栅栏边，说："儿子，你做得很好。但是，你看一下那些钉子在栅栏上留下那么多的小孔，栅栏再也不是原来的样子了。当你向别人发过脾气之后，你的语言就像钉孔一样，会在人们的心灵上留下疤痕。你这样做就好比用刀刺向了某人的身体，然后再拔出来。……其实，口头上造成的伤害与伤害人们的肉体没什么两样。"

【问题解决】　其实，教师的言行伤害孩子心理的现象时有发生。在幼儿园教育过程中怎样避免教师伤害孩子的心灵？

【案例评析】　事实上，心灵施暴可以将一个孩子的自尊心完全毁灭。故事中的"父亲"深谙教育心理，很有教育智慧。从"钉钉子——拔钉子——看钉孔"的教育过程可以看出"父亲"的爱心、耐心、关心，孩子在实践过程中感知、感受、感悟，改变了坏脾气，懂得了做人的道理。

在教育过程中，有些老师由于缺乏心理学知识和对孩子深沉的爱，往往会不自觉地伤害了孩子的自尊心，抑制了孩子的个性发展，影响学生健康人格的形成。有老师常常训斥孩子说："……你怎么又打人了，我看你是改不掉这坏毛病了，跟小流氓没什么两样！""……以后上课时手不准乱动，再乱动就把你的手剁掉！""……你又尿床了，真丢人！""……唉！我看你是无药可救了。"这些"心灵施暴"的现象，从表面上看老师并未对孩子进行诸如罚站、扯耳朵等肉体处罚，看不到外表的伤痕，可实际

① 胡明根．影响教师的100个经典教育案例．北京：中国传媒大学出版社，2004：90—91.

上讽刺挖苦对孩子成长所造成的伤害更严重。

孩子的自尊心是个敏感区，尤其是那些犯了错误的孩子，他们心虚、敏感、特别需要老师的宽容和理解，得到人格的尊重。故事中孩子的父亲以对儿子深沉的爱和高超的教育智慧，开启了一个良好的开端，一步一步塑造孩子健全的人格。可以看出，只有尊重孩子，孩子才能“亲其师，信其道”。

【知识链接】 幼儿教师应具有扎实的专业知识：掌握幼儿卫生保健、幼儿心理和幼儿教育的系统理论知识；掌握幼儿园课程领域的教育内容、教育设计、教育组织、教育方针和教育评价等方面的基本知识；掌握幼儿游戏和日常生活等活动组织的有关知识。

【案例9】 旁观争吵

在一次区域活动时，辉辉正在玩滚积木，这时峰峰过来就抢，辉辉急得大哭起来，委屈地说：“你为什么抢我的积木?”峰峰说：“老师说了，好玩的玩具大家一起玩。”辉辉不服气地说：“我先玩的，我还没玩够呢？你为什么抢?”峰峰说：“光你想玩，我也想玩一会儿!”两人你一言我一语，争吵不休。这时，一个小朋友跑到教师面前说：“老师，辉辉和峰峰打架了。”

其实，老师早就看在眼里，听在耳里，只是为锻炼他们的表达能力，有意让他俩多争吵一会儿。老师看他俩争执不下，才决定去处理：“峰峰，你为什么抢辉辉的玩具?”峰峰见老师先让他解释，就得意地说：“老师，你看辉辉都玩得很长时间了，还不让我玩玩。”老师接着：“你和他商量了吗?”峰峰低下了头，说：“没有。”老师又问辉辉：“如果峰峰和你商量，你能和他一块玩吗?”辉辉点了点头，就这样，两个孩子都消了气，一块玩了起来。

【能力培养】 教师的处理方式有什么特点?

【问题解决】 幼儿园里孩子的争吵是一种普遍的现象，教师应该如何看待孩子的争吵?

【案例评析】 冲突是孩子成长过程中不可缺少的一项内容，幼儿的社会性就是在与人争吵、和解，争吵、调停、和好的循环过程中得到发展的。因此，不要在幼儿冲突尚未真正发生时就进行呵斥，将“冲突”消灭在萌芽状态；也不要强行在冲突的中途粗暴地制止冲突的继续发展（如不问缘由地简单制止、隔离拉扯或吓唬幼儿，以达到制止并减少冲突的目的），要让冲突有一个完整的过程，并让幼儿在冲突的发生和解决的过程中获得发展。处理幼儿的冲突需要幼儿教师有较强的专业知识和具备一定的教育艺术，对新手教师而言，大多数情况下会将幼儿的冲突消灭在萌芽状态，这实际上不太有利于儿童的发展。幼儿园教师的成长是一个漫长的实践过程，根据幼儿教师的从业心理、专业知识和教育能力的差异，可将幼儿园教师的专业成长分为新手型教师、经验型教师、骨干型教师、专家型教师等不同阶段。

【知识链接】　幼儿园教师专业成长阶段。

【案例 10】　兔子应当在哪里？[①]

在幼儿园的教室里，教师让小朋友们做“找家”的游戏。黑板上画着一块草地、一条河和一棵树。讲台上放着三样玩具：一只白兔、一只鸭子、一只猴子。看完题目，小朋友们争先恐后地举起了小手。一个小男孩走上讲台，这个看似机灵的小男孩这样做了：小白兔被放在了河里、小鸭子被放在草地上、小猴子放在半空中……教室里顿时发出了哄笑声，大家都争着要到讲台前纠正小男孩的错误。后来，小男孩举起了手要求发言：“老师，我想给大家讲个故事：在一个夏天的午后，天气很热，小白兔在草地上玩得满头大汗，它实在受不了了，就跑到河边，一看小鸭子那么舒服地在水里游，小白兔就‘扑通’一声跳下河，没想到它根本不会游泳，很快就沉下去了。而小鸭子救不了小白兔，所以它就爬到岸上拼命喊：‘救命啊——小白兔落水了，快来救啊！’树上的那只正在打瞌睡的小猴子被救命声惊醒了，一看情况危急，就一下子从树上跳了下来，所以在半空中……”小男孩话音刚落，教室里顿时响起了一片热烈的

① http://wenku.baidu.com/view/a12b37737fd5360cba1adb88.html

掌声。

【能力培养】 孩子们为何从准备纠错到给予热烈的掌声？如何看待教师给予这个小男孩发言机会？

【案例评析】 儿童的视角是独特的，儿童的想象是丰富的。教育过程中，对于一个看似荒谬的答案、想法，幼儿教师绝不能给予简单的否定，或者是置之不理，更不能认为孩子是在故意和你捣乱而大加批评。教师应该蹲下来，尝试走进儿童的内心世界；应该耐心地等待花开的声音，给孩子一个表白的机会；应该给孩子想象的一片天，让他们自由地去飞翔。这是幼儿园教师专业化特征的体现。专业的幼儿教师必须具有扎实的理论基础、丰富的教学经验、对儿童发展的深刻领悟、有效的管理能力，以及良好的社会交往与合作能力等。

【知识链接】 幼儿园教师专业化的内涵与特征。

【案例 11】 自由的时间是个性发展的空间①

"自由的时间是个性发展的空间"——马克思这一穿越时光的名言依旧熠熠生辉。

有一位心理学家曾进行过一个实验。他把实验者分为三组，练习投掷飞镖。第一组的人连续二十天，每天都不停地练习飞镖掷向标靶，然后把第一天与最后一天的得分记录下来

第二组的人只在第一天与最后一天进行飞镖练习，其余时间每天用二十分钟"想象"——假想自己瞄准、投掷及修正等动作。第三组的人只在第一天与最后一天进行实际的飞镖练习，此外未做其他任何练习。

结果心理学家发现第一组实验者最后一天的命中率，较第一天提高了 30%，第三组则一点也没进步，最令人啧啧称奇的是第二组的实验者，竟也提高了 30%。原因很明显，第二组的人学得最轻松，效益最高，因为他们既有练习的机会，又有思考的空间。

【能力培养】 当前，幼儿教师职业倦怠现象日益普遍，有愈演愈烈

① http：//wenku. baidu. com/view/a12b37737fd5360cba1adb88. html

之势。幼儿教师职业倦怠的主要原因来自工作压力。教育在个人和社会的发展中承担着日益重要和艰巨的任务，而教师又在这其中起着举足轻重的作用。教师是一个特殊的职业，属于需要连续地、紧张地与他人互动的助人行业。案例中的实验对解决幼儿教师职业倦怠有何启示？

【案例评析】 幼儿教师的压力大已是不争的事实。超规模的师生比例，环境布置、案例写作、活动计划组织、比赛等等堆积如山的任务已基本上占据了教师们的无数法定休息时间。没有自己主宰的自由空间，即使是钢铁身躯也会有倒下去的一天。所以作为管理者，务必要给教师创设宽松的环境，减少不必要的框框条条，让教师从重负中解脱出来，以更健康的身心、更轻松的状态取得更高的工作效率。

【知识链接】 职业倦怠及其应对策略。

第四章　幼儿园教育目标、任务与原则

【案例 1】　天才训练营和 EMBA 授课班①

苏州一家幼儿天才训练营宣称，只要经过训练营一年的调教，百分之百地让每个孩子变为超智儿童——儿童将变得能言善道，识字率提高 25 倍以上，达 2000 至 3000 字；能算加、减、乘、除，甚至简单的分数与小数，综合智商提升至 130 或以上。

上海等地的幼儿 EMBA 授课班、天才训练营等机构，机构所设置课程包括沟通学、科技学、生物学、创造力、数学、创意文学、自然科学、地球科学、演讲和戏剧艺术、经济学、天文学、目标与生活体验等 12 门学科，3 到 5 岁的孩子将在两年中学完这些课程，或者可以选择半年、一年的课程。而这些课程学下来，需要 2 万元。据称，这 12 门创新学科全部根据 MBA 教学理念精心设置，专门培养 3 岁至 6 岁孩子的知识实用能力、沟通能力、创造力等在内的 6 大能力，与成人 MBA 在培养方向上是一致的。“EMBA”学习环境也不是一般早教机构可以媲美的，连黑板也是触摸式电脑荧屏。

【能力培养】　正确理解和认识幼儿园的教育目标。

【案例评析】　案例中的训练营采用的是“知识就是智力”的营销理念。“天才”、“神童”果真能制造出来吗？所谓“天才儿童”本身就是一个无法评价的、不确切的模糊概念。虽然幼儿早期教育对儿童的智力会有一定的影响，但是“经过短期训练就能制造出一个神童”是缺乏科学依据

---

① 是发展潜力还是揠苗助长？http：//edu. pcbaby. com. cn/zt/0909/812337. html

的。智商表示的只是一个人的生理年龄与相应智力发展水平之间的关系，并不能反映一个人智力的最终发展趋向。对3～6岁幼儿，我国幼儿园的教育目标明确规定："对幼儿实施体、智、德、美等方面全面发展的教育，促进其身心和谐发展。"案例中的天才训练营和EMBA授课班仅仅注重对幼儿智力的开发，限制孩子的全面发展，在孩子的一生中有比知识更重要的，比如孩子的探索欲望、想象力和创造力、人际交往能力、自信、坚强的品质，这些能力的培养远远比培育智力重要。

【知识链接】 幼儿园教育目标。

【案例2】　跳一跳才能摘到果子[①]

中班科学活动《各种各样的纸制品》，教师为此制定的知识目标是"收集、观察各种各样的纸制品，了解其质地和用途"。显然，这样的目标定位只停留在浅层次的观察上，对于中班幼儿来说无需付出努力就能做到，所以我们在知识点的难易层次上必须提升一个梯度，如可增加"尝试根据某一特征给各种纸制品进行分类"的坡度设置，这样才能让幼儿充分感受到"跳一跳才能摘得到果子"的成功感。

【能力培养】 如何确定适宜的幼儿园教育活动目标？

【案例评析】 在制订幼儿园教育活动目标中要遵守的一个原则，即发展性原则，在教育活动中准确把握儿童的原有知识经验基础和水平，并依此为依据促进儿童身体、认知、情感、个性以及社会性等方面的全面发展。幼儿身心发展特点和原有知识经验水平等因素是确定具体活动目标的根本依据。教师在制订具体活动目标的时候要考虑幼儿的原有水平和近期可能达到的水平，也就是确定适宜的"最近发展区"，从而制订适宜的活动目标。既要确保目标具有一定的难度和挑战性，又要考虑不能超出幼儿的能力范围。既要保证幼儿能够达到或完成预先确定的目标要求，又要能够避免其在低水平上的简单重复。这样才能真正有效地促进幼儿的发展。

---

① 郭芸.再议幼儿园教学目标制定.幼教博览，2009，(07).

【知识链接】 幼儿园教育活动目标。

【案例3】 谁催生了幼儿“兴趣班”?

目前,我国由于升大学竞争和就业竞争的现实性矛盾,学校教育陷入应试教育的“怪圈”中,而这种竞争也影响到学前教育阶段,如社会上风行的“零岁方案”、“神童方案”。一些家长和幼教机构难以摆脱这种短视的教育做法,表现为重知识灌输轻能力培养、重智力培养轻人格因素培养等错误倾向。一些幼儿园迫于家长压力或经济利益的驱动,办起了各式各样的兴趣班、特长班。

【能力培养】 如何正确理解我国幼儿园教育目标?

【案例评析】 我国幼儿园教育的目标是“对幼儿实施体、智、德、美等方面全面发展的教育,促进身心和谐发展”。这一目标是确定幼儿园教育任务、评估幼儿园教育质量的根本依据,国家通过这一目标对全国幼儿园教育进行领导和调控。

幼儿园教育目标是根据教育目的并结合幼儿园教育的性质和特点提出来的。我国幼儿园教育的目标是培养全面发展的幼儿,它体现了我国教育目的的基本精神,并兼顾幼儿园教育的性质和特点。幼儿园教育目标的提法又与学校教育目标略有不同,如把“体”放到了第一位,这是由于在幼儿阶段,身体的正常发育和机能的健全发展较以后各年龄阶段更为重要的缘故。

教育从根本上说就是培养人,所以教育目标是否合理,除了符合社会要求之外,还要看是否符合教育对象的身心发展规律。举一个简单的例子来说,成年人画一个菱形图案是件轻而易举的事,然而对于幼儿来说,却是很困难的,即使3岁孩子照葫芦画瓢,要临摹一张菱形图样也是很困难的。这就是说,幼儿的发展是有一定年龄特征和规律的,是一个按照一定顺序、不断地从低级到高级发展的过程,教育目标如果不符合幼儿发展的规律,不符合幼儿个体的发展需要和可能性,就不可能变成现实。因此,教育目标的制订必须适应幼儿身心发展的年龄特征。

一味地追求某个方面的发展,忽视幼儿的全面发展,可能严重损伤儿童生长发育的自然进程，损伤儿童潜能发育，造成儿童期、青少年期乃至成人期体力、心智、能力、性格和气质发展迟缓、压抑和伤害。

【知识链接】 幼儿园教育目标。

【案例4】 形式多样的学前教育

某幼儿园根据附近社区家庭的实际情况，主动与周边社区12个居委会取得联系，在发放调查问卷、走访、了解社区家庭的基础上，分析归纳出了这些家庭的几种入托需求：一是疲于奔忙，无暇照顾子女，想把孩子托付给幼儿园；二是想让孩子入优质园享受优质的教育；三是孩子未满3岁，但是想早些接受正规幼儿教育；四是家中虽有看护人，但是希望能得到幼儿园的亲子教育辅导；五是部分少数民族家庭和有轻度残障困难的家庭，需要幼儿园给予特殊服务。针对这些不同的入托需求，幼儿园为家长开设了多种可选择的入托形式，让家长根据自己的实际情况进行选择。幼儿园常年开办整托、日托、长日托、半日托、临时托、低幼托、回民托、轻度残障托和亲子班，从而让每个家庭都能各得其所。除此之外，幼儿园为家长制订了切合实际需要的服务项目，如：为幼儿钉扣、扦边、修拉锁、粘鞋底、缝开线、绣名字、洗澡、理发、代买幼儿用品、代交托儿费、方便雨披、方便雨伞、方便小座椅；为部分幼儿烹调回民饭、婴儿饭、防过敏饭、病号饭、特需饭。为了不断提高家长的科学育儿水平，幼儿园还设立了多种与家长交流、互动的宣传形式，有家长会、家长委员会、家园联系册、家园宣传栏、家长信箱、电话访谈等等。家长们充分体验到了老师们细致入微的服务带来的温暖。幼儿园的保健医生主动为幼儿联系矫治医院，带将要入托的幼儿去体检，还给幼儿进行保护牙齿的教学指导。

【能力培养】 了解幼儿园双重任务如何在幼儿园实施。

【案例评析】 我国幼儿园的双重任务：一是幼儿园对幼儿实施保育和教育（教育性），二是幼儿园为家长工作、学习提供便利条件（福利性）。幼儿园的双重任务是我国幼儿园的一大特色，也是我国幼儿园的社会使命。幼儿园的一切工作要服从与服务于双重任务，一切为了幼儿的发展，尽力方便家长。

本案例中的幼儿园的做法符合了幼儿园双重任务，真正把家长的需求、幼儿的发展放在第一位，表现在如下方面：首先，通过调研了解社区家庭的入托需求，幼儿园为家长开设了多种可选择的入托形式，让家长根据自己的实际情况进行选择。其次，幼儿园为家长制订了切合实际需要的服务项目。最后，为了不断提高家长的科学育儿水平，幼儿园还设立了多种与家长交流、互动的宣传形式，有家长会、家长委员会、家园联系册、家园宣传栏、家长信箱、电话访谈等等。这样用心为家长服务的幼儿园，消除家长的后顾之忧，家长当然会放心地把孩子送到这所幼儿园。

幼儿园的双重任务决定了幼儿园工作容量大、时间长、头绪多、牵动大、无小事、责任重等工作特点，为此幼儿园必须创设与工作任务相适应的环境、设备、人员配置以及有效的、制度化的全员工作运行机制，这些是实现工作任务的必要保障。幼儿园根据本园实际尽可能满足家长和要求，在条件不允许的情况下幼儿园对于家长提出的额外要求都需要慎重地考虑。

【知识链接】 幼儿园的双重任务。

【案例5】 孩子接晚了，还要交钱?

“在玉函东区某幼儿园放学接孩子，家长要是晚于5点半来接，就将会以10元/时的价格收费了。”昨天，有家长在微博上表示对该幼儿园的不理解。接孩子接晚了要向幼儿园交钱？这事在济南还挺新鲜。幼儿园为什么要采取这样的措施？这种做法是否妥当？你如何看待这个问题?

【能力培养】 如何利用幼儿园双重任务的新特点理论解释实践中出现问题?

【案例评析】 由于家长下班时间与放学时间不一致，迟到接孩子的现象在很多城市都存在。对幼儿园来说，规定孩子的接送时间应该尽可能考虑方便家长，对孩子尽责。幼儿园属于非义务教育，如果家长不能按时来接，可以在家长的委托下，在保教之外提供的一些服务项目可以适当地向家长收取一定的费用。

唯一的问题是：收费标准。在这个问题上幼儿园不妨多与家长协商，商定一个双方都能接受的服务价格。要让家长知道，不是把收费作为园方惩罚家长或者创收的手段，罚款只是督促家长负起责任，按时接孩子才是目的。

【知识链接】 幼儿园双重任务的新特点。

【案例 6】 幼儿是需要尊重的

情景 1：起床了，孩子们各自做着自己的事情。这时，越越走到我身边，很不好意思地对我说："老师，我出汗了。"看到他那紧张的样子，我马上意识到，他可能是尿床了，但又不好意思对老师说。我随他来到床前，看到被子确实湿了好大一片。我安慰他说："出汗了没关系，一会儿我帮你把被子晾干了就行了。你先去拉尿。"过了一会儿，我悄悄地把他带到无人的消毒室里，帮他换上了干净的裤子，他腼腆地笑着对我说："谢谢宋老师！"

情景 2：我班有个叫纯纯的小朋友，经常有人会告他的状。"老师，纯纯拉我的椅子。""他推我。""他抢我的玩具。"每当这时，我总是把他拉到身边，大声呵斥一番。但小家伙总是翘起小嘴巴，一副不服气的样子，对我充满了敌视，坏毛病总也改不了。但在一次活动中，我有了意外的收获，改变了对他的教育方法。那是一次在小区内的散步活动，我带着孩子们悠闲地走在小路上，孩子们很兴奋。纯纯看到一些野花就蹲下来，对着花说着什么，我觉得很诧异，问："你对花儿说什么？"他回答："我对花儿说，你开得真好看。""你为什么蹲下来悄悄说？""在花儿面前一定要蹲下来悄悄说，这样花儿才听得见。"听了他的话我感慨万千，是呀，连孩子都知道说话要蹲下来轻轻说，而我在教育孩子时又是怎么做的呢？我们常常把孩子比喻成祖国的花朵，然而在"花朵"面前，我们又有几次蹲下来悄悄地对他们说话呢？认识到这一点后，我试着用蹲下来悄悄说话的方式与孩子交流，站在孩子们的立场，以朋友的身份处理每一件事。这样无形之中，我和孩子们之间形成了亲密、相互尊重和依赖的情感。

在与纯纯的交流中，他渐渐改变了对我的看法，能主动亲近我，我乘机友好地向他提出意见，他能微笑着点头。如今，我们之间有了一种默契，一个眼神，一个微笑，他都能心领神会。

【能力培养】 说说教师行为所体现的教育原则。

【案例评析】 这两个事件体现了教师对幼儿的尊重。幼儿偶尔尿床属于正常现象。孩子尿床的原因很多，有的孩子是泌尿系统发育不完善，有的幼儿是因为家族遗传史，有的幼儿是因为挫折感、忧伤、惊恐等心理问题所造成的，还有的是睡前贪玩忘记小便，无论哪一种原因，教师要做的首要工作便是保护孩子的自尊心，千万不能当着全班小朋友的面批评或责备幼儿。尤其是某些心理敏感脆弱的幼儿，教师更不能大张旗鼓地给幼儿换洗，要想一些办法，帮助尿床的幼儿回避同伴，鼓励幼儿不要紧张，帮助幼儿树立自信心。孩子的自信心、自尊比什么都重要，丧失自尊、自信心的人将会变得胆怯、退缩、猜疑、逃避，会给孩子一生造成无法泯灭的伤害。所以教师在日常保教活动中千万不能忽视貌似微乎其微的小事。其次，教师要及时给孩子换洗，尤其是冬天，避免引起感冒等疾病。对于年龄小、反复尿床的幼儿，教师要耐心帮助，跟家长及时沟通，了解原因。不要让幼儿产生焦虑，害怕因为尿床而导致老师不喜欢自己。

【知识链接】 幼儿园教育原则。

【案例 7】 教学与喂鸡

有一次陶行知先生在武汉大学演讲，他走上讲台，不慌不忙地从箱子中拿出一只大公鸡，台下的听众愣住了，不知道陶先生要干什么。陶先生从容不迫地又掏出一把米放在桌子上，然后按住公鸡的头，强迫它吃米，可是公鸡只叫不吃，怎么才能让公鸡吃呢？他掰开鸡的嘴，把米硬往鸡的嘴里塞，大公鸡拼力挣扎，还是不肯吃；陶先生轻轻地松开手，把鸡放到桌上，自己后退了几步，这时大公鸡就吃起米来。陶先生开始演讲：我认为教学就跟喂鸡一样，先生强迫学生去学习，把知识硬灌输给他，他是不情愿的，即使学也会食而不化。过不了多久，他还会把知识还给先生的。但是如让他自由地学习，充分发挥他的主观能动性，就会好得多。

【能力培养】 理解发挥幼儿学习主动性地位的重要性，在幼儿教育上防止家长盲目从众。

【案例评析】 陶行知先生在演讲前的“喂鸡”举动，形象地说明了在实施教育行为中教育者发挥教育对象主观能动性的重要性。学生是学习的主人，教师在学生的学习过程中起的是引导和点拨的功用。在实施教学行为中，教师除了“教”之外，更多的是鼓励学生自己去“学”，从“人本主义”出发，突出学生的主体地位，让学生实现自我的发展，从而满足他们求知、参与、成功和自尊的需要。现实中，许多父母望子成龙、盼女成凤心切。送孩子上这个兴趣班，那个特长班，完全没有孩子的主张，全凭自己的从众心理决定。看看我们周围一些孩子，有的学围棋、绘画，有的学英语、乒乓球、早期阅读，有的学钢琴、拉丁舞，等等。孩子的节假日和双休日都安排得满满的，家长是想培养孩子的全面发展，但孩子的实际状况如何呢？有的孩子一提上课就皱眉头、打哈欠、想吃东西。有的孩子下了这种课，又急急匆匆赶去上那种课，抱怨多多。而绝大部分的孩子都失去了自由支配的时间，对任何事都提不起兴趣。父母给孩子的生活制造了逼迫感，孩子只得疲于应付。家长期望孩子成才的心情可以理解，但要符合教育规律，适合孩子们的心理，要给孩子自由发展的空间。

作为老师、家长，我们都应该学习陶行知先生的教育方法，退一步，让孩子自己去学习、自己去发现，那样他们掌握的知识会更加牢固、全面，对待学习也更加有兴趣，更加主动自觉。

【知识链接】 幼儿学习主动性。

【案例 8】　孩子自有个性

慢半拍的孩子

佳威在我眼里，是个什么都要慢半拍的“低能儿”。他对事物的反应能力实在是太差了。有时他直着眼睛想心事，我一连点他三次名，他都听不见。有时小朋友都去洗手了,他还愣在座位上不知在想什么,等小朋友一个一个都洗好了手,他却突然蹦到我面前,高喊:“老师,我还没洗手呢!”

我不喜欢佳威,说实在的他挺烦人的。然而,有件事却改变了我对他的看法。一天上常识课时,我无意中提了这么一个问题:“哈哈镜里的人为什么会变高?”这个问题对于6岁的孩子来说,是有很大难度的,班上别的小朋友都只有瞎猜。不料佳威却认真地说起来:“老师,镜子不平呀!”我很吃惊,我怀疑他曾经听说过其中的道理,便问:“你怎么知道的?”“我是想出来的。”佳威回答说。

我望着佳威的小脸,突然联想起世界著名的发明大王爱迪生,爱迪生小时候也是被老师判定的“低能儿”,他上课时精力也不集中,总是没完没了地思考天地的奥妙。我想,谁能说我们的佳威没在思考天地间的奥秘呢?他总是在默想,又能回答出一些较难的问题,这就说明孩子是有潜力的,我以前没有认真去发现和挖掘他的这些潜力,这无疑是个遗憾。今后我可要好好弥补自己的过失,为孩子们的明天负责。

胆小的孩子

蕊蕊小朋友做事认真仔细,但胆小怕羞,不敢在小朋友面前讲话。一次,我们讨论“身体里的秘密”的问题,她回家查找资料、寻找答案,还从当医生的爸爸那里找来一幅身体解剖图。我特意表扬了她,并请她看着图给小朋友讲身体里的秘密。开始她有点害怕,怯怯地望着我,我用鼓励的眼神看着她,终于她红着脸讲了起来。在同学们的赞扬声中,她越讲越好,充满了自信。

【能力培养】 说出教师行为所体现的教育原则;教师应当怎样做才能促进幼儿的发展。

【案例评析】 案例中教师的做法遵循了发展适宜性原则。这两个幼儿在幼儿园里属于特殊孩子,在面对这样的孩子时,老师首先要承认每个孩子是不一样的,尊重孩子的个体差异性,肯定幼儿的独特价值,这是教育的前提。其次,要善于挖掘孩子身上的闪光点,促进每个孩子在原有基础上的发展,每个孩子的兴趣、性格、能力、学习方式不一样,所以教师必须考虑儿童的特殊需要，使儿童发挥优点特长，在原有水平上得到发展。佳威虽然行动慢，但却是一个爱思考的孩子，这种良好的学习品质对今后的学习发展是非常宝贵的。蕊蕊胆小害羞，老师就多给机会让她在公众面前表现自己，并且对她的表现给予赞扬，帮助她建立自信。所以，对于孩子在平时的良好表现，老师要不吝啬表扬。每个孩子都渴望得到别人的肯定和欣赏，特别是她亲近人的表扬，最能够激发孩子的自信心。老师在日常生活中要学会多夸奖孩子。

【知识链接】 发展适宜性原则。

【案例 9】　生活是幼儿最好的"老师"①

场景 1：小班幼儿对老母鸡的叫声非常熟悉，一说到母鸡，他们便自发地叫出"疙瘩疙瘩疙瘩"的声音，可是我们的教师却花一个课时的时间，一遍又一遍地重点训练幼儿对母鸡叫声的掌握。

场景 2：三四岁的孩子，在日常生活中已经获得有关"药是苦的，醋是酸的，辣椒是辣的，糖果是甜的"的生活经验。可是，大班故事"甜鼠"教学活动中，教师就是不引导幼儿说说自身对药——苦、醋——酸、辣椒——辣、糖——甜的体验，而是用教的方法，教给幼儿这方面的知识。

场景 3：小中班的幼儿都知道怎样说"悄悄话"，可大班音乐活动"悄悄话"，教师却花了一定的时间让幼儿多次反复地演练两个人说悄悄话的形态，结果幼儿不听指令，故意捣乱。

场景 4：某班幼儿对玩球的各种技能已经掌握得很好，在体育活动玩球课中，教师却从单手拍、双手拍、二人对拍、转身拍……等进行一个个蜻蜓点水式的教学。

【能力培养】 在教学活动中如何体现发展适宜性原则。

【案例评析】 发展适宜性原则是指幼儿教育要促进每一个儿童在现有水平上获得最大限度的发展，教师提出的教育目标和安排的内容都应以儿童身心发展的成熟程度为基础，注重幼儿的学习准备。

---

① 如何进行有效教学(上).幼儿教育导读(教师版)，2008，(02).

维果茨基的“最近发展区”理论指出，教师要把握好幼儿已有的经验，并唤醒、启发引导幼儿运用已有的经验参与学习、解决问题、获得知识与能力，这是教学的根本目的之一。上面的四个案例中教师的教学都没有考虑到孩子的已有知识经验，教学内容对幼儿没有一定的挑战性，由此幼儿会感到枯燥，失去学习的兴趣，从而会出现案例中的孩子不听指令、捣乱的行为。同时，如果教学内容不考虑幼儿的已有经验，那么我们的教学实质上是在浪费孩子的时间，徒劳无益。

所以我们的教学核心是“一切从幼儿的实际出发”，根据幼儿的发展需要，幼儿的已有知识、经验来设计活动，组织活动。

【知识链接】 发展适宜性、最近发展区。

【案例10】 怎么没有语言课？

这是一个发生在某乡镇幼儿园的真实事件：新学期，老师们拿到了省编新教材，正当大家欣喜地翻看教本时，只听一位老师惊呼：“怎么没有语言课？我可是上语言活动的呀！”这位老师为什么会有这一“惊呼”？如果让你来解释，你会怎么向这位老师解释疑虑。

【能力培养】 整合教育原则。

【案例评析】 幼儿教育的整合性原则包括活动目标的整合、活动内容的整合、教育资源的整合、活动形式和过程的整合。幼儿园教育活动对象是3～6岁的幼儿，其身心发展特点和学习特点决定了幼儿教育必须是整体性的教育。《幼儿园教育指导纲要(试行)》指出，幼儿园的教育内容是全面的、启蒙性的，可以划分为健康、语言、社会、科学、艺术等五个领域，也可作其他不同的划分。各领域的内容相互渗透，从不同的角度促进幼儿情感、态度、能力、知识、技能等方面的发展。这位老师对幼儿园整合教育的认识还不够，幼儿教育应以幼儿的整体发展为宗旨，不受分科课程的局限，强调各领域间的有机联系，以促进幼儿情感、态度、能力、知识、技能等多方面的发展。儿童的生活经验是完整的，不可分割的整体，幼儿教育也应该是不可分割的整体。

【知识链接】 整合教育原则。

【案例 11】 厕所里的苹果①

还在走廊,就闻到一股香甜的水果味。"太好了,今天吃水果,小朋友肯定爱吃。"我心想。可是,当幼儿吃完了苹果,我正准备组织幼儿去户外活动时,安迪跑过来告诉我:"老师快来看,不知是谁把苹果扔到厕所里了。"我走过去一看,厕所槽里真的扔了一个才咬了一半的苹果,再看看垃圾桶里的苹果,大都是没吃干净就扔掉了,肯定是有的幼儿不喜欢吃,又怕老师批评,就偷偷地扔到厕所里。现在的孩子真不懂得珍惜别人的劳动成果,我决定借此机会对全班幼儿进行教育。我把幼儿带到操场,对他们说:"今天老师想和大家玩一个'摘苹果'的游戏,你们看,前面有个苹果园,果园里有许多果树,我想请你们扮农民伯伯,想办法让果树长大,开花,结果。"幼儿一听可高兴了,七嘴八舌地说:"我给果树除草,我给果树施肥,我给果树浇水……。"音乐声中,幼儿有的拿小桶,有的拿铲子,有的拿水壶在果树下忙开了。看到幼儿累得满头大汗,我问幼儿:"你们说农民伯伯种果树辛不辛苦呀?""辛苦!"我把幼儿刚才吃剩的苹果拿出来,"你们看,农民伯伯辛辛苦苦种出来的苹果,有的小朋友咬了一半就扔了,多可惜。你们想想这样做对不对?"丢苹果的幼儿听了我的一番话,知道错了,难过地低下了头。过了一个星期,又吃水果了,这次我特地留意了一下,发现每一个幼儿都吃得很干净,一点都没浪费。

【能力培养】 如何正确处理幼儿的错误行为,进行随机教育?

【案例评析】 这虽是一件小事,但它却告诉我们:要正确对待幼儿的过失行为,教师不能只是简单批评一顿就了事,而应首先尊重幼儿,从正面教育出发,运用适当的教育方法和技巧,让幼儿自己认识到错误并主动改正,而不是让幼儿为此感到自尊心受到伤害而产生自卑感,教育的最终目的是促进幼儿的身心和谐发展。

【知识链接】 保护幼儿的自尊心。

① 林莉."苹果事件"的启示.教育导刊,1998,S2.

【案例 12】 小班，自由活动的三次调整①

我们在一日生活中更是注重弹性地安排幼儿的活动，让孩子在宽松的环境中得到个性的充分发展。例如，原先在安排作息时间时，喝完牛奶后是集体教学活动，为了减少等待，我们让先喝好牛奶的小朋友到阳台去玩一会儿家里带来的玩具，可逐渐地，我们发现孩子非常喜欢这段时间。而且，孩子在交换玩具时，交往、合作、分享等社会性因素得到了不同程度的发展。于是我们把这段阳台活动时间逐渐延长。（第一次改变一日生活的时间安排）夏天到了，我慢慢又根据季节特征把阳台活动改成了玩水活动，最初只有一个水盆，可我们发现孩子都很喜欢玩水。孩子的天性应该得到满足，没必要让他们等待。于是，我们设法借来了许多大小不一的水盆，让每个孩子都能玩到。（第二次调整）两天后，我们发现有个孩子在玩水时心不在焉，眼睛总是看着教室里的玩具，原来，他已满足了要玩水的愿望，现在又想回教室玩了。于是我们把自由活动的地点改成了室内和室外两种，孩子们可根据兴趣选择活动地点和活动内容。（第三次调整）

【能力培养】 如何在一日生活中尊重孩子的需要和兴趣？

【案例评析】 从案例中这位教师能够根据幼儿的即时反应这个"晴雨表"不断调整时间组织、空间组织和材料投放，尽可能满足幼儿临时出现的、同时又常常代表着幼儿意愿的需要，充分体现了教育中"以幼儿为本"的理念，教育真正做到围着孩子转。关注儿童的兴趣和需要是非常有必要的，有了兴趣，幼儿才会主动探索学习；满足的孩子的需要，孩子才能更好地投入学习。当孩子的兴趣与教师的教育目标相一致，那么教育活动才可能达到理想的效果。如何才能满足孩子的兴趣和需要呢？这就需要我们的教师在教育中留心观察孩子。为什么提供的材料小朋友不感兴趣了？哦，原来你提供的材料已经对孩子没有挑战性了，那么

① 封莉蓉，周卫．把最宝贵的东西给予儿童——宋庆龄幼儿园质的案例研究．北京：人民教育出版社，2001.

教师就要丰富材料，提高难度，这样孩子的探索欲望才会再次被激发出来。

【知识链接】 尊重幼儿需要和兴趣。

【案例 13】 孩子应该学英语吗?

幼儿的早期教育越来越引起人们的重视。其中，幼儿学外语成为人们最为关注的热点，上英语兴趣班已经成为一些幼儿家长的首选，书店里的幼儿英语教材也越摆越多。有些"双语幼儿园"半年收费近万元。部分家长质疑：幼儿学英语的作用究竟有多大？幼儿应该怎样学英语？根据这些现象，请谈谈幼儿园的教育活动应遵循哪些原则。

【能力培养】 幼儿园教育活动遵循的原则。

【案例评析】 在《幼儿园工作规程》教育工作原则中提出："遵循幼儿身心发展的规律，注重个体差异因材施教，引导幼儿个性健康发展。"第十二条指出："幼儿园必须切实做好幼儿心理和生理的卫生保健工作。"针对心理不健康的儿童，幼教工作者要在工作中利用游戏创设良好的心理疏导环境。幼儿园教育需要遵循的原则主要有：

1. 促进幼儿体、智、德、美的全面和谐发展。幼儿园教育的基本任务是促进幼儿体、智、德、美的全面发展，不应片面追求幼儿的特长和技能。作为幼儿教师应该明确，办特色园、特色班或者兴趣小组必须以提高幼教质量、促进幼儿的发展为落脚点。幼儿教育的任务是为幼儿基本素质的发展服务，不能盲目追新求异。显然，幼儿盲目地学习外语是违背全面发展原则的。

2. 尊重儿童，建立平等的师生关系。① 儿童期是人生的一个特殊阶段，有其特有的价值。② 强调儿童学习的自动化和自律。③ 在人生的早期阶段，儿童是通过操作来学习的。④ 儿童会做的是教育的出发点。⑤ 所有的儿童都能在适宜的条件下发展其潜力；幼儿在教师的眼中不应该有智愚之分，而只有发展阶段和速度的快慢之别。教师的责任就是要了解幼儿的个体差异，提供与幼儿心智能力相匹配的教育目标、内容、形式和材料等。⑥ 在教育过程中成人和同伴是最重要的教育因素。⑦ 幼儿园教育不仅是儿童与知识、材料之间建立联系，而且也是儿童与环境、与人之间的接触。

师幼关系是指教师与幼儿之间的关系。随着现代儿童观的建立，人们逐渐认识到，师生关系本质上是一种平等关系，即儿童在人格上与教师或者成人是平等的，需要得到尊重和承认。幼儿园教师在处理与幼儿之间的关系时应该注意：① 态度诚恳，和蔼可亲，对儿童表现出信任和忍耐。② 要尊重儿童，重视儿童的感受。③ 促进师生之间的沟通。教师要熟记每个儿童的名字，说话的语调和速度恰当，运用恰当的语言，说话态度要友善，注意与儿童的目光接触，善于倾听。

3．重视年龄特点和个体差异。在教育过程中，教师一定要重视了解儿童的年龄特点，了解该年龄段儿童的发展特点，从而有针对性地进行教育。同时，教师应该舍弃以往那种面向中间、舍弃两端的做法，面向每一个儿童，使他们的潜力得到充分的发挥。许多幼儿对学习外语并没有足够的兴趣，并且学习外语并未被证明越早越好，因此，其效果可能适得其反。

4．发挥一日生活的整体功能。教师应该充分认识和利用一日生活各个环节的教育价值，通过合理组织、科学安排，使其成为一个有机的整体，让幼儿在自然的生活中身心健康地发展。一日生活的整体功能指保教结合，日常生活活动与教育活动相结合，处处渗透教育，在各个环节注意幼儿身体的养护，使之成为一个有机的整体。在幼儿园实践当中，一些保育员教师对一日活动各环节的作用认识单一、片面，把保育和教育两者的界限划分得过清，以为保育就是管好孩子的吃、喝、拉、撒、睡，保证孩子的卫生和安全；教育就是传授给幼儿知识，掌握技能，结果割断了两者之间的有机联系。

5．创设与教育相适应的环境。幼儿是在与环境的相互作用过程中获得成长的。理论研究认为，幼儿的学习乃至整个发展都是在与环境的交互作用中完成的，幼儿园的环境创设主要包括以下两方面：① 物质条件。幼儿园应该有足够的室内和户外活动空间，应该有丰富的游戏材料和适合幼儿身心发展的环境。同时，优美、整洁的物质环境也是十分必要的。② 精神环境。幼儿园的精神环境是由人的因素构成的，是幼儿园环境质量的关键。在幼儿园教育中，园长的观念、管理水平与教师的观念、专业素质、人格品质等，对幼儿成长的影响既是潜移默化的又是最具影响力的因素。在某种程度上，它可以弥补幼儿园物质条件的不足。

6. 以游戏为基本活动。游戏是儿童的权利，是学龄前儿童全面发展的重要手段。在这个新的世纪里，我们更要强调游戏的教育作用，把它看作是幼儿园教育当中的基本活动。

7. 充分利用儿童、家庭和社会的教育资源。这是教育社会化、社会教育化的发展趋势。教育仅仅局限于幼儿园内部是不够的，充分利用来自各种不同的环境，有着不同经验的儿童、家庭和社会的教育资源，发挥各类环境、各种力量的合力作用，将使教育更开放、更经济、更生动活泼、更有意义。

【知识链接】 幼儿园教育活动遵循的原则。

【案例 14】 一堂认识蚯蚓课

一上课，老师先说明要讲的内容后，就请小朋友们准备一张纸，上来取蚯蚓。小朋友们捏着纸片纷纷上讲台盛蚯蚓。许多蚯蚓从纸上滑落下来，小朋友们推桌子挪椅子地弯腰抓蚯蚓，整个教室顿时乱成一团，老师却一言不发，任其混乱。课后老师对我说，上了一节“蚯蚓”课后，假如连蚯蚓都抓不住，那么这节课还有什么意义。

小朋友们抓住了蚯蚓回到座位后，老师开始了第二个教学环节：请小朋友们仔细观察蚯蚓的外形等有什么特征，看谁能把它的特点补充完整。经过片刻的观察，幼儿们踊跃举手。

幼儿：虽然看不见蚯蚓有足，但会爬动。

老师：对。

幼儿：不对，蚯蚓不是爬动而是蠕动。

老师：对。

幼儿：蚯蚓是环节动物，身上一圈一圈的。

老师：对。

幼儿：它身体贴着地而的部分是毛茸茸的。

老师：对，你的观察很仔细。

幼儿：我把蚯蚓放在嘴里尝了尝，有咸味。

老师：对，我很佩服你。

幼儿：我用线把蚯蚓扎好后吞进了喉咙，过了一会儿把它拉出来，它还在蠕动，说明它生命力很强。

此时老师的神情变得庄重起来，激昂地说："完全正确！同时我还要赞扬你在求知过程中所表现出的这种勇敢行为和为科学献身的精神。小朋友，我远不如你。"①

【能力培养】 美国教师认识蚯蚓这堂课给你的启示。

【案例评析】 整堂课结束了。如果就这堂课把我国和美国老师的教法作比较，哪种方法让幼儿学得更有趣、生动，对蚯蚓的体验更深？答案是显而易见的。美国的这节蚯蚓课是一节非常典型的探究课，学生通过自己的观察探究发现了蚯蚓的特征——蠕动、环节动物、有咸味、生命力强等。我们的课堂教学一再强调老师为主导，幼儿为主体，课堂中老师应尽可能讲得少些，启发幼儿多思考、多观察、多讲讲。老师怎样少讲，怎样启发，不妨参照这堂课。美国的课堂教学，真正体现了老师为主导、学生为主体的教学原则，课堂中老师尽可能讲得少一点，启发学生多思考、多观察、多讲述自己的探究发现。

在教学中，教师特别重视培养学生的动手实践能力，让学生亲自用手抓蚯蚓。教师在教授知识与技能、注重方法与过程的同时，注意孩子情感态度价值观的培养。学生把蚯蚓放进嘴里，教师则表扬学生这种勇敢行为和为科学献身的精神。

【知识链接】 给孩子充分的活动机会。

【案例15】 老师和家长的"拔河"②

在幼儿园里，老师教宝宝们要诚实、谦让、互助友爱。可是回到家

① 陈钟梁.美国教师教"蚯蚓".文汇报，1996—12—02.

② 陈家沛.家庭和幼儿园之间为何会"逆向教育"？荆楚网，2013—09—11.

里，有些家长却给出截然不同的“教导”：老实会吃亏，要会抢饭菜才不会饿肚子，受欺负就打回去……这些“逆向教育”，往往让幼儿园教师非常头疼。

【能力培养】 你如何看待幼儿园“逆向教育”的问题？

【案例评析】 幼儿教育是为终身教育打基础，家长的“逆向教育”除了使宝宝出现“在学校和在家里不一样的举动”之外，还容易导致宝宝今后“做人的两面性”；对宝宝的人格塑造危害巨大。家长与幼儿园教育的不一致，原因主要是家长与幼儿园在教育孩子理念上的差异。家长对自己的孩子，免不了宠爱有加，家长最关心的是自己孩子的利益，生怕他（她）在外面吃亏。因此，要让家长理性对待自己的孩子与他人的孩子，的确是有一些困难的，于是出现教导孩子老实会吃亏、要会抢饭菜才不会饿肚子、受欺负就打回去等等也就不足为奇。而幼儿园及老师对待孩子是站在社会的角度公平地看待孩子，教师需要严格按照幼儿的特点与幼儿教育的规律来教育孩子，比家长的教育要更理性，教育孩子如何做人、如何与人相处，是要将孩子都培养成合格的“社会人”。同时，幼儿园面对的是大家的孩子，要“一碗水端平”，相对也要容易得多。家长与老师之间对孩子的教育上出现“逆向教育”关键问题是出在家长一方。

不过，也必须看到，在现实中，的确存在大量的老实吃亏，不抢饭菜就要饿肚子，如果你当谦谦君子，不仅不会得到对方的尊重，反而让对方觉得你好欺负，会更加肆无忌惮地欺负你的问题等等。所以，幼儿园教育，中小学教育甚至大学教育，都带有“理想主义色彩”，即脱离社会实际的问题与尴尬。要想改变这种现状不是幼儿园或者家庭单方面的力量可以做到的，必须从整个社会的改变开始，才有希望让学校的教育不处于如此的尴尬境地，也才可能避免家长与教育单位之间出现“逆向教育”的问题。

【知识链接】 家庭与幼儿园教育的一致性。

第五章　幼儿园全面发展教育

【案例1】“木桶”里的教育

一只木桶容量的大小，并不是取决于桶壁上最长的那块木板，而是取决于桶壁上最短的那块木头。于是，人们常常以此比拟教育教学：一个班级就像一只木桶，教育教学质量的提升，取决于表现最差的学生。以此类推，一个学生最薄弱的方面，就是他的“短板”。

对任何理论都要有所辨析，不能不经分析地“拿来”。在这些对木桶理论的运用中，潜台词是：班级中的每个学生都应该是一样高的“木板”，每个学生都应平均发展，争做全才、通才。换句话说，是把所有的学生变成一批又一批的“标准件”。

由此联想到许多著名人物。他们小时候的表现并不够好：牛顿小时候智力平常，小学校长提到班上成绩不好的孩子，总少不了他；拿破仑读小学时不能正确拼写，行文语言不通顺，字写得也很糟糕，老师和家长都认为他不会有出息；富兰克林念小学时，算术常常不及格；爱迪生曾因学习成绩不好而被学校拒之门外……按照通俗的“木桶”理论逻辑，这些人在学校里无一不是班里的一块短板，但他们后来却发展成为影响世界历史进程的著名人物。

【能力培养】 如何来理解全面发展的含义？如何处理全面发展与个性发展的关系？

【案例评析】 在相同的环境中，一棵树上没有完全相同的两片树叶，每一片树叶都是唯一的。同样的道理，每个学生的成长发展也不尽同。全面发展不等于平均发展。幼儿园全面发展是在幼儿体、智、德、美诸方面全面发展的基础上，促进幼儿个体实现富有个性的发展。平均发展是幼儿体、智、德、美等方面的发展均等，发展的规格统一，就像案例中制作木桶的木板，每块木板都要一样长。幼儿全面发展教育应注重体、智、德、美等诸方面的教育要相互渗透，注重幼儿各方面发展的和谐与协调，不可各自孤立地发展。我们不能否认学生的个体差异，非得让鱼儿学飞翔，鸟儿学游泳。

【知识链接】　幼儿园全面发展教育。

【案例 2】　神圣的体操比赛

某幼儿园进行全园体操比赛，各年龄班参加，并评出一、二、三等奖，比赛时请家长观看。各班老师为了获得好名次，每天花大量时间训练幼儿做操。训练时，老师对做操规范的幼儿进行表扬，对做操不规范的幼儿进行批评，并留下训练，直到做操规范为止。

【能力培养】　你觉得该幼儿园老师的做法是否合理？

【案例评析】　首先，幼儿园体育活动的内容选择要依据幼儿年龄特点，体操活动适合幼儿园中、大班，而不适合小班孩子，并且小班不宜开展有竞争性的活动。案例中幼儿园没有认真考虑幼儿的年龄特点，让各年龄班幼儿都参加体操比赛的做法欠妥。其次，由于幼儿各器官发育尚未完善，幼儿园不能过度开展专门的技能技巧训练，更不能以比赛、表演等名义来进行有伤幼儿身体的活动。所以，幼儿园体育设计要注重激发孩子参加体育活动的兴趣，而不仅仅在于让幼儿掌握体育的技能技巧，更不能以比赛、表演为自己争荣誉为目的而伤害孩子的身心。幼儿园体育目的是为了增强幼儿身体素质，我们只能把幼儿基本动作练习作为一种途径和方式，而不能作为幼儿体育的最终目的。

【知识链接】　幼儿体育应注意的问题。

【案例 3】　认识蔬菜

一位教师在组织幼儿认识蔬菜的活动时，在黑板上挂上青菜、西红柿等图片，并告诉幼儿它们的名称、特征和用途。另外一位教师则带领幼儿到附近菜农的地里参观菜农是如何播种、施肥和浇水，并让幼儿在班级的自然角种上蔬菜，进行管理，做好观察记录。

【能力培养】 哪位教师的做法好？给你有何启示？

【案例评析】 第二位老师的做法好。因为这位老师了解幼儿的身心发展规律，懂得幼儿以具体形象思维为主，在组织智育活动中，利用幼儿的各种感官和已有经验，通过直观手段吸引幼儿注意力，引导幼儿进行观察、体验，丰富他们的直接经验和感性认识，帮助幼儿形成正确的概念，获取知识和技能，促进幼儿的发展。

【知识链接】 幼儿智力发展特点。

【案例4】 特长班——幼儿园教育的另一个“战场”

本应是以游戏为主要活动形式的幼儿园，早就教起了识字课和算术题。更多的孩子为了成为特长生，被迫放弃了儿童的欢乐自由，被家长绑上了艺术教育的战车———学琴、学画、学书法、学舞蹈，然后考级考证……不合时宜的过度开发使孩子“少年老成”，过早地体味了学习之苦，失掉了学习的乐趣。

【能力培养】 你如何看待幼儿园里的“特长”教育？

【案例评析】 抱着“不能让孩子输在起跑线上”的心理，家长带着孩子奔走于各种兴趣班之间。很多孩子不仅要学习英语、书法，还要学习钢琴、绘画等技能，动辄近万元的“高价早教”受到众多年轻父母的追捧。家长们担心，幼儿园纯粹玩游戏，不学不教语数外学科知识，孩子进入小学后，如何适应小学的学习？当前最常见、也是较普遍的现象就是重“教”轻“玩”。有些家长认为，“玩”是无益于发展的，只有接受教师的“教”才是学习，才是有价值的。课堂教学与自主游戏是幼儿园教育活动的基本形式，前者突出表现为教师对于幼儿的“教”，后者就是孩子自己的“玩”。过于注重课堂教学的开展和教师“教”的功利化意图，忽视幼儿游戏权利的实现，随意排挤幼儿自主体验的实现空间，是幼儿教育过度开发的基本表现。

幼儿教育“小学化”违反了《纲要》的要求，背离了幼儿身心发展规律，不利于学前儿童的身心健康发展。这样的超前过度的“小学化”教育，产生了诸多弊端：(1) 影响幼儿身体的正常发育。3～6 岁幼儿处于成长发育阶段，长时间的集中注意力，会使大脑疲劳，神经系统受伤害，影响幼儿身体发育。(2) 抑制幼儿的个性和社会性培养。游戏是孩子们之间学习和互动交流的基本方式，过早地对幼儿进行小学模式的知识灌输，掠夺他们美好的自由空间，控制他们的个性思维和行动，使孩子缺少了必要的交流、合作、体验，导致幼儿的个性和社会性很难健康发展。(3) 长期枯燥的学习和考试导致孩子产生厌学和抵触情绪。(4) 学前教育的“小学化”背离了幼儿教育的规律与原则，只重视单方面智育的发展，忽视了非智力方面的发展，导致幼儿身心发展的片面性。学前教育“小学化”的短视做法只能带来短暂的优势，根本不利于孩子的长远发展，孩子过早上完小学课程，导致孩子在课堂上注意力不集中，再加上幼儿园教的小学知识不够规范准确，今后纠正起来很困难。

要防止和纠正学前教育“小学化”，只有全社会共同行动起来，将童年还给孩子：家长要转变观念，幼儿教师要提高专业素质，政府及教育部门要加大监管和支持力度。

【案例 5】　小女孩心中的“玫瑰花”①

苏霍姆林斯基曾记录过这样一则真实的故事。在帕夫雷什中学校园的花房里，开出了几朵硕大的玫瑰花，全校师生都非常惊讶，每天都有许多同学来看。这天早晨，苏霍姆林斯基在校园里散步，看到幼儿园的一个 4 岁女孩在花房里摘下了一朵玫瑰花，抓在手中，从容地往外走。苏霍姆林斯基很想知道这个小女孩为什么摘花，他弯下腰，亲切地问：“孩子，你摘这朵花是送给谁的？能告诉我吗？”小女孩害羞地说：“奶奶病得很重，我告诉她学校里有这样一朵大玫瑰花，奶奶有点不相信，我现在摘下来送给她看，看过我就把花送回来。”听了孩子天真的回答，苏霍

① 唐汉卫，张茂聪. 中外道德教育经典案例评析. 济南：山东人民出版社，2005.

姆林斯基的心颤动了，他搀着小女孩，在花房里又摘下了两朵大玫瑰花，对孩子说："这一朵是奖给你的，你是一个懂得爱的孩子；这一朵是送给妈妈的，感谢她养育了你这样好的孩子。"

【能力培养】 案例中，苏霍姆林斯基不但没有批评摘花的女孩，却另摘了两朵送给她，为什么？如果是你，你会怎么做？

【案例评析】 伟大的教育家苏霍姆林斯基面对小女孩"摘花"貌似错误的行为，不但没有粗暴地批评制止，反而温和耐心地询问原因。从小女孩的回答中，他惊异地发现孩子纯真的心灵和金子般的爱心。于是，他摘下另外两朵玫瑰红肯定、鼓励羞愧的小女孩。苏霍姆林斯基对孩子真善美的细心和体会，充分体现了一位教育家对生命的尊重、爱护和关怀，折射出人道主义教育所具有的魅力和光芒。

我们的道德教育要成功，就必须尊重孩子的情感，不要用所谓的权威强迫孩子接受自己的价值观，忽视学生的主体地位，抹杀道德教育本身的人性。德育的目的不是灌输道德教条，而是要使孩子在成长的过程中真正养成良好的品行。德育是一种真善美的情感教育，而这种教育需要我们在具体的情境中，以适当的方式对孩子进行潜移默化的影响。这种教育不仅可以在课堂中进行，而且在日常生活中感受道德的力量，像苏霍姆林斯基那样做光明的使者，把阳光洒遍每个受教育者的心灵。

【知识链接】 幼儿德育方法。

【案例5】 穿上漂亮衣服看外婆

一天傍晚，一位年轻母亲要其5岁的孩子把身上的衣服换下来洗一洗，孩子不肯。母亲先是以糖、饮料、钱哄，不行；又说不脱下就要打，孩子一听便跑了。恰巧一位来访的幼儿园老师见状，想起孩子说过常去姥姥家，便过去抱起孩子，亲切地问："星期天你还想去姥姥家吗？""我们每个星期天都去"。"姥姥喜欢你吗？""姥姥最喜欢我。""你把衣服脱下让妈妈先洗，到星期天穿上又干净又漂亮的衣服去，姥姥一定更喜欢你。"孩子便高高兴兴地将衣服换下交给妈妈了。

【能力培养】 如何对幼儿进行品德教育？

【案例评析】 该案例中,对幼儿进行品德教育所采用的是积极诱导法。老师用耐心的态度、温和的语气,借助孩子为了得到姥姥喜欢这一纯真的心理需求,使孩子在轻松愉快的氛围中主动换下脏衣服。幼儿喜欢得到表扬,不喜欢受批评惩罚。在对幼儿进行品德教育的方法选择上,应以正面教育为主,辅之以纪律约束。要让幼儿积极愉快地接受道德要求,主动履行道德规范,而不能随意批评、侮辱和打击孩子。

【知识链接】 幼儿德育方法。

【案例6】 小企鹅的家"停电了"①

一个冬日的上午,窗外的小雪花飘飘洒洒地落了一地。不一会儿房屋变白了,小树变白了,小草变白了,大地一片银装素裹,安然地接着大自然送上的一份洁白的礼物。这时,教室里老师正在组织一堂美术活动。

"寒冷的冬天到了,小企鹅们可不怕冷了。瞧,他们在冰天雪地上做着有趣的游戏呢。"随着谈话引出活动,老师出示了一幅范画。范画色彩鲜艳、形象可爱的小企鹅立即吸引了小朋友们的视线。老师立刻因势利导启发孩子们:"等一下小朋友要开动脑筋,画的小企鹅要和老师的不一样。"话音刚落,成成立刻举起小手说:"我画的小企鹅在打冰球,我要把球网画得大大的。"随后其他小朋友也讲述了自己想画的内容。"小朋友想得真好。"老师逐一肯定了孩子们的想法。在看了老师的讲解示范之后,老师就请孩子们动手画画了。

不一会,尘尘就大叫起来:老师我画完了。老师走到尘尘的旁边,只见尘尘的画纸上黑压压的一片涂鸦,小企鹅的身体若隐若现,整张画显得乱七八糟。"你画得怎么全是黑乎乎的?"老师不解地问。尘尘急忙解释道:"我的小企鹅正准备去玩,可是他们家忽然停电了,所以就漆黑一片了。"老师听后笑了笑,立刻表扬道:"尘尘真会动脑筋,想得真好。"老师拍了拍尘尘的头说:"老师帮你一起让小企鹅的家变得亮堂起来,变得漂亮一些,好吗?""好啊!"尘尘高兴地说道。老师随即又去拿了一张

① 虞莉莉.幼儿园教育案例专题研究.杭州:浙江大学出版社,2005:48—50.

画纸，在上面画了一只企鹅，然后鼓励尘尘画一个企鹅弟弟，尘尘努力地完成了，还在上面添画了电灯等其他背景。看到自己新完成的图画时，尘尘满意地笑了。

【能力培养】 学会分析这位老师的教学行为。

【案例评析】 教师在教学活动中十分重视对幼儿创造性的培养。要跟别人不一样，在幼儿园似乎成了教师对幼儿的常规要求，甚至成了一些幼儿对自己的要求。教师过多强调想象力、创造力的同时，却忽视了艺术活动中同样占主导作用的美感教育。对于画得漂亮一点，画得美一点的话语太少。儿童的作品不仅要有独创性，更应具有美的价值。当幼儿在活动中所产生的想象力和创造力只是对自己不成功行为的申辩甚至是狡辩时，我们就不能不对语言的巨人、行动的矮子这句经典名言感到认同了。创造力、想象力活动原本就是要促进幼儿的发展，不能因为创造、想象活动反而降低了对幼儿发展的要求。教师要善于去了解幼儿出现这种行为反应的真正原因，去发现幼儿行为背后的目的和动机。

【知识链接】 理解、尊重幼儿的劳动成果。

【案例 7】 舞台上的“小大人”

镜头 1： 电视里正在播放幼儿歌舞大赛节目。上场的孩子不仅化着非常成人化的妆，而且衣饰也非常成人化，小女孩穿着露背装、高跟鞋，看上去简直像一个微型的成年人。孩子们唱的歌也是成人喜闻乐见的流行歌曲。小选手们载歌载舞，评委打出高分，主持人盛赞他们是小帅哥、小美女，赛场上的家长和观众们非常满意地看着孩子们的表现，几乎没有人会产生这样的疑问：孩子们的表现美吗？

镜头 2： 倩倩是个 4 岁的小女孩，非常健康可爱，可是最近她总是嚷嚷着要减肥，饭也不好好吃，甚至要求妈妈给买减肥茶，水也不敢多喝，因此人变得很没有精神，参加各种活动都不积极。老师把情况反映给家长，家长虽然担心倩倩会因此生病，但她的妈妈竟然很“理解”地说：“爱美之心人皆有之”……

【能力培养】 用幼儿美育的知识分析案例中的现象。

【案例评析】 类似以上的案例在生活中很普遍，老师、家长以及整个社会普遍存在的审美偏差使得孩子们失去健康、正确的审美标准。他们不知道什么才是美？如何才能使自己变美？因此，在幼儿阶段实施审美教育非常有意义。

孩子除了模仿成人的语言、行为之外，还模仿成人对事物的判断。成人表现出的审美倾向会潜移默化地影响到孩子。成人不加区分地把成人的审美标准套在孩子身上，比如根据自己的喜爱给男孩留长发、给小女孩涂口红胭脂，会误导幼儿对美的理解。其次，教师、家长不注重对幼儿语言美、行为美的教育，让孩子唱庸俗的歌曲，不懂得尊重别人，说脏话，甚至用稚嫩的声音唱情歌。有些媒体为迎合观众，将少儿节目成人化。多数幼儿喜欢模仿明星，究其原因，就是这些孩子误认为成人肯定、赞美的行为就是美的。

【知识链接】 幼儿阶段实施美育的重要性。

【案例8】 美育“特长班”①

鸟语花香的公园，美术老师在指导孩子们写生。家长在旁边欣赏自己的孩子画画，一切感觉都很和谐。记者对老师和家长进行随机采访，问他们对幼儿美育的看法时，老师很自豪地回答：我们这个班上的孩子都很刻苦，家长们都趁周末带他们参加绘画班，牺牲了休息的时间，可见家长对幼儿的美育都很重视。当问起孩子是否接受其他方面审美教育时，他们回答说：孩子上这个特长班已经很辛苦了，并且也接受了审美教育，就不再上其他的特长班了。

【能力培养】 用幼儿美育的知识分析案例中的现象。

【案例评析】 在对幼儿进行审美教育问题上，幼教工作者和家长都存在着误区。他们理解的审美教育比较片面，往往以专业技能的训练替代综合审美能力的培养，忽略了美育首先要培养孩子感受美和欣赏美的能力，并在此基础上发展幼儿创造美、表现美的能力和技巧。因此，他们

---

① 幼儿特长班不等于美育. http://www.sina.com.cn. 2008—06—12.

把音乐和美术教育视为培养高素质音乐家、美术家的工具，请家教，送兴趣班，单纯地学习乐器的演奏和绘画技巧，误认为美的修养是通过特长班自然形成的。这是一种舍本逐末的做法，在特长班，孩子无论学习画画还是乐器、舞蹈，如果不进行美的感受力和鉴赏力、创造力的启迪，使他们的情感得到深化，心灵净化，那么孩子所掌握的技巧仅仅是技术，而非真正的审美能力。

【知识链接】 幼儿美育。

第六章 幼儿园教育活动

【案例 1】 危险的刮脸刀片儿

那是 2000 年 9 月中旬的一天，中午 11 点多钟，幼儿分组进入盥洗室洗手，五六位男小朋友嘴上、脸上、下巴相继出现流血现象。看到当时的情况我都蒙了，我急忙叫来保健大夫，及时清理伤口，相继止血后，询问情况得知，原来早晨入园时，调皮的晨晨从家里把爸爸昨天晚上刚从超市上买的刮脸刀片偷偷地带进了幼儿园，在中午洗手的时候，把刀片分发给自己的几个好朋友。几个调皮的男孩子学着大人的样子用刀片给自己刮胡子呢，结果出现惊险的一幕。幸好及时发现，刀片全部收回，避免了更重大事故的发生，不然后果不堪设想。

【问题解决】 掌握幼儿园晨间检查的具体要求。

【案例评析】 安全工作是幼儿园工作的重中之重，保证幼儿人身安全责任重于泰山。但幼儿自身造成的安全隐患往往容易被忽视。幼儿年龄小，好奇心强，常自带一些有安全隐患的物品，如刀片、小珠子、长发卡、大头针等玩耍，以至于幼儿园常常发生如珠子进入鼻腔、长发卡扎伤同伴眼睛、小刀片划破手腕、硬币吞到肚里等意外事件，这些小小的物品时时在威胁着幼儿的自身安全，应引起幼儿园的高度重视。上述案例所出现的危险正是由于晨间检查的疏忽所造成的。因此，把好幼儿入园安全第一关——晨检关显得极其重要。

【知识链接】 幼儿园教育活动的类型。

【案例 2】 羽毛球场上的“飞刀手”

在大班的体育课上，老师们为激发小朋友们学习打羽毛球的兴趣，安排两位老师打羽毛球作示范表演，小朋友们则坐在两旁观看。当示范的王老师正在聚精会神地与另一老师进行表演时，手中的羽毛球拍突然断裂，球拍前端飞出击中正在旁边观看的小朋友张珊的头部，造成张珊鼻骨裂伤。事后，因与幼儿园无法协商一致，张珊的父亲为赔偿事宜向法院起诉，要求幼儿园和王老师赔偿各种损失费用共计 78 万元。

【问题解决】 幼儿户外活动对教师工作的要求。

【案例评析】 这是一起因幼儿园玩具或教具老化而发生意外伤害事故的责任认定问题。幼儿园为开展正常的教学活动，安排老师为幼儿进行教学示范并没有过错。但是，教学过程中使用的教具或玩具应符合安全标准。《未成年人保护法》第十六条第一款规定：“学校不得使未成年学生在危及人身安全、健康的校舍和其他教育教学设施中活动。”上述案例中正是由于幼儿园使用的教玩具不符合国家规定的标准所导致的。因此，教师在组织户外活动时一定要仔细检查器械设施的安全性。

【知识链接】 教师应有计划、有准备地组织丰富多彩的户外活动，保证幼儿每天 2 小时(寄宿制 3 小时)的户外活动时间。

做好充分的户外活动准备：准备丰富的活动材料，保证幼儿人手一件以上。及时检查场地、器械、设施，确保安全无患。清点幼儿人数，指导幼儿增减衣服，系好鞋带，使之能安全参与活动。

积极参与和引导幼儿进行户外活动，鼓励幼儿合作创新，体验各类游戏的快乐。

注重活动安全，教师占位合理，保证幼儿在教师的视线之内活动。杜绝安全事故。

【案例 3】 吃“馒头”长大的孩子

暑假，我们顶着高温开始了新生入园前的家访。当我们走进晨晨小朋友家时，一个长得虎头虎脑、颇有男子汉气魄的男孩子出现在我们面前。在和家长进行交谈前，我们怎么也不会相信这是一个吃馒头长大的孩子。

那时候的晨晨只吃淡馒头、牛奶、酸奶、巧克力、苹果、糖果和白开水，其余的食物一概不吃。尤其让人觉得不可思议的是：新生入园前的体检结果显示，他还是一个肥胖儿童。

入园第一天，晨晨和大家一起运动、游戏、学习，可一到午餐时间就皱起了眉头，坐在餐桌前一动不动。为了不影响他的入园情绪，我们给他开了小灶，让他吃“刀切牛奶馒头”，希望随着时间的推移，同伴们的丰富午餐能引起他的食欲。

奇怪的是，两个星期过去了，他对幼儿园里同伴们的午餐和点心居然丝毫没有兴趣，看都不看一眼，依旧保持原有的饮食习惯——只吃幼儿园里的淡馒头、牛奶和白开水，对我们提供的各种食物，哪怕是有馅料的馒头和巧克力刀切馒头，他也全盘拒绝，宁可饿着也不品尝一口。

虽然以前也曾遇到过挑食的孩子，但在老师的各种教育活动下，一个星期后情况就会大有好转，但晨晨的倔强着实让我们有些害怕，我们真的有些束手无策。眼看开学前信誓旦旦向家长的承诺“让我们一起来改变孩子的饮食习惯”将成泡影，心里真的不是滋味。

于是，我们首先从用与馒头类似的面包开始打开缺口。经过两个月的努力，晨晨开始接受了奶黄包、巧克力刀切馒头、黄金糕、橘红糕等与馒头类似的食物了。在接下来的日子里，我们经常开展主题活动“健康宝宝”，让孩子参与健康食物的大讨论，并通过区域游戏“健康早餐”和集体教学活动“营养自助餐”等活动，让幼儿自己搭配有营养的食物。聪明的晨晨在主题活动的影响下，开始品尝不同的蔬菜，黄瓜、青菜、番茄、冬瓜等渐渐也成为他口中的美食。

【问题解决】 理解保教结合的含义，并能在幼儿园一日生活中贯彻这一基本原则。

【案例评析】 《幼儿园教育指导纲要（试行）》中指出，幼儿园应“保教并重，关注个别差异，促进每个幼儿富有个性的发展。”《幼儿园工作规程》中也明确提出:“幼儿园的任务是实行保育与教育相结合的原则,对幼儿实施体、智、德、美诸方面全面发展的教育,促进其身心和谐发展。”此案例中的教师正是恰到好处地运用了保教结合这一原则,对晨晨这样一个严重偏食挑食的幼儿在保育过程中进行引导教育,实现保育和教育的融合,从而改变挑食孩子的这一不良的生活习惯。

【知识链接】 教师组织指导日常生活活动应注意的问题:保教结合;建立合理的生活常规;生活技能的练习。

【案例 4】 中班社会活动:消气俱乐部

教学目标:

1. 会用多种方法让他人开心,学会关心体贴他人。

2. 尝试寻找多种方法调试自己的生气情绪,做一个快乐的孩子。

教学准备:PPT 课件、“消气俱乐部”场景布置

教学重点:引导幼儿寻找多种方法消除生气情绪。

教学难点:帮助幼儿建立起积极乐观的人生态度,做一个快乐的孩子。

教学过程:

1. 观看课件,引导幼儿用多种方法让小兔子开心起来。边看课件便提问:小兔子怎么了?你是怎么看出来的?生气好吗?为什么?你有什么好办法使小兔子不再生气呢?

2. 自主尝试,体验消解生气情绪的方法。提问:你遇到过哪些让你生气的事?

“消气俱乐部”开业了,这是一个可以使生气的人变得开心起来的地方。小朋友,让我们试着把自己生气的情绪赶走吧!(幼儿在尝试体验的过程中,教师询问幼儿的感受。)

3. 结合自我,游戏提升。“小朋友,刚才我们用各种方式让自己不再生气,快乐起来,让我们把这些好的方法编成一首《不生气》儿歌吧!”“不生气,不生气。生气我就……”

4. 活动结束。“其实,使自己快乐的方法很多,快乐很简单。让我

们把这些好方法告诉我们身边的每一个人，让大家都不再生气，天天有一个好心情，做一个快乐的人！”

【问题解决】 理解体验性是幼儿园教育活动的特点之一。

【案例评析】 幼儿园教学中强调孩子的体验式学习。该教学活动为了引导幼儿积极主动探索，创设了“消气俱乐部”的场景，让幼儿去亲身体验，引导幼儿尝试用多种方法消除生气情绪，培养幼儿积极乐观的人生态度。

【知识链接】 幼儿园教育活动的体验性特点。

【案例 5】 文明用餐的“小猫”

小班幼儿进餐及进餐前后的活动都很难组织。比如端饭时，我们要求幼儿排队有序地进行，可他们却乱挤乱撞；进餐时，我们要求不挑食，不玩耍，可他们却边吃边玩；饭后散步时，我们要求不挤不推不乱跑，可他们却推推拉拉到处跑。为此，我们结合小班幼儿的年龄特点，开展了饭前饭后的教育活动，重点放在良好生活习惯的养成上。饭前的等待时间，我们组织幼儿复习小猫的律动。做完律动后问：“小猫们，你们肚子饿了吗？”“饿了。”“好，现在猫妈妈请你们吃饭了，小猫走路是怎样的呀？”“小猫走路是轻轻的。”“对呀，请小猫们轻轻地走过去端饭，不推也不挤。”“小猫们”吃饭吃得可香了。吃完饭后，“猫妈妈”带着“小猫”排好队在户外散步，边散步边念儿歌：小猫小猫向前走，跟着妈妈轻轻走，不乱跑，不乱追，看见老鼠把它逮。“猫妈妈”问：“小猫们，你们累了吧，猫妈妈带大家回去休息了。”“猫妈妈”带着“小猫们”轻轻走进寝室。孩子们带着愉悦的情绪，渐渐地进入梦乡。

【问题解决】 掌握生活性是幼儿园教育活动的特点之一。

【案例评析】 案例中，教师恰到好处地将幼儿的日常生活与幼儿良好习惯的培养结合起来，体现了幼儿园教育活动的生活性特点。

【知识链接】 幼儿园教育活动的生活性特点。

【案例 6】 中班户外活动：寻找春天

活动目标：

1. 全面发展幼儿的探索兴趣，提高幼儿的参与和合作意识。

2. 通过活动，培养幼儿勇于克服困难的精神，体验成功的快乐。

活动准备：彩笔，图画本

活动过程：

1. 带领幼儿到户外小树林中

小朋友们！春天来到了，天气也变得暖和起来，我们都脱下了厚厚的棉衣，大地也变得温和了许多，让我们踏着春天的步伐，一起来寻找春天好不好？

2. 幼儿分组活动：幼儿分成两个小组。

3. 引导幼儿观察观看小树林中发生的变化，并和小朋友一起交流，你从哪里找到了春天？

【问题解决】 理解幼儿园教育活动的情境性原则。

【案例评析】 案例中教师将幼儿带到大自然中去体验春天的变化，幼儿通过与大自然直接接触，观察大自然周围事物的变化，真正地体验寻找到了春天的感受。

【知识链接】 幼儿园教育活动的原则。

【案例 7】 关注全体，呵护个体

我班有个叫嘉立的小朋友，他在各个方面明显超出同龄孩子，成为我们班的“冒尖户”。老师提出的问题，他首先抢答，其余的小朋友还没完全思考过来时，就异口同声地照答。对于这一点，我认为有必要及时进行引导。于是，我采用鼓励的方式调动幼儿回答的积极性。对其他小朋友说：“嘉立小朋友能开动脑筋想问题，所以很快便回答出来了，我们小朋友同样能做到，比比看，谁的脑子灵，回答快，声音大。”对表现好的幼儿及时表扬，逐步使得很多小朋友踊跃回答问题。

同时，我还加强个别教育。在平时，针对嘉立的情况，结合他的个性耐心地与他交谈，让他明白老师的用心。如：你对教师提出的问题能动脑筋去思考，能把想到的答案告诉老师，其他小朋友也很想把答案告诉老师。老是听你回答，别的小朋友没有机会告诉老师。要不，你有时候让他们先讲出来，看他们讲的与你想的是否一样，如果不同，你再帮他们补充完整，好吗？对一般幼儿的提问应是容易理解、容易回答的，对不爱说话的幼儿则重复别人的提问。如："小鼻子有什么用?"而对像嘉立小朋友这样能力较强的幼儿，所提的问题则有一定难度，如："不注意保护好鼻子会有什么危害?"让他经过反复思考，才能作答，使得不同能力的孩子在自己原有基础上均获得不同程度的进步。

【问题解决】　如何在集体教学活动中做到既面向全体，又兼顾个体？

【案例评析】　案例中教师针对幼儿的实际情况采取不同的提问方式，对于能力较强的孩子，提的问题有一定难度；对能力一般的幼儿，则提一些比较简单、容易回答的问题；对于不爱说话的幼儿，则允许他们重复别人的答案。这样在集体教学活动中做到了既面向全体，又兼顾个体，保证了每个孩子在原有基础上都能获得不同程度的进步。

【知识链接】　幼儿园组织集体活动应注意的问题。

【案例 8】　对孩子提问：请用孩子的语言

情境 1：我到一农村幼儿园和小班的孩子们一起认识小手，说出"手心"、"手背"后，伸出手指反复启发"这是什么?"终于有个小女孩说"是爪子"！

情境 2：听一位小班老师的科学活动"区分软硬"，教师拿出卫生纸，先问"这是什么?"孩子们楞了半天，终于一个孩子说"擦屁股的"。

【问题解决】　如何实现幼儿园"寓教育于一日生活之中"。

【案例评析】　从这两个情境可以看出，在组织幼儿园教育活动中，幼儿教育存在着严重脱离生活的现象。由于"别让孩子输在起跑线"的观念误导，幼儿园教育依然存在重知识教育轻能力教育、重智育轻非智力教育的偏差，教师往往重视课堂教育、教科书上的知识教育，在生活中教育孩子的意识不强，不知道在生活中引导幼儿认识一些常见物品，能说出规范的词语。

【知识链接】 幼儿园教育活动的组织原则。

【案例9】 和序数一起认识我的"家"

听一大班老师组织的数学活动"认识序数"，活动中教师设计了有趣的场景，教学效果还是很好的。活动后，我建议老师带孩子走出教室，以"我们幼儿园的家"为题，让孩子在实地观察、分析后，说一说"幼儿园的院落结构"、"自己班所在位置"(哪座楼、楼层)、"各年龄班的数目以及位置"等等。老师跟我反馈活动情况，认为这个活动，涵盖了数学中"数、量、空间"等知识点，教师只要把观察路线、提问语言、小结语言等设定好即可，所需材料都是幼儿园原有的，孩子们却是以极大的热情参与活动，发现并乐于积极表达。

【问题解决】 理解幼儿园教育环境是幼儿园教育活动的实施途径之一。

【案例评析】 这个以最现实、最感性的真实生活环境设定的教育活动营造了宽松的人际环境，使孩子有时间、空间去感受、去表达，体现了在生活中"玩玩学学"，进而启发孩子去关注自己生活的小区、生活的城市，拓展生活空间，用已有的经验解决生活中的问题，这些对他们终生发展都是有利的。如"逛超市"、"逛书店"、"参观邮局"等社区活动也是巧妙利用周围生活资源进行教育活动的好范例。

【知识链接】 幼儿园教育活动的实施途径。

【案例10】 我从哪里来?

我们班润润的妈妈是医院的助产士，同时也是我们班"家长助教"的积极参与者。我想利用这个家长的优势资源，切合幼儿的实际认知，和家长一起设计了活动："我从哪里来?"让幼儿知道胎儿在妈妈肚子里的生长过程以及如何出生。课堂上,“医生老师”身穿白大褂,结合形象的图片,给幼儿作了生动的讲解,孩子们听得津津有味,好奇心得到了极大的满足。此外,“医生老师”还让孩子们戴着听诊器,相互听听心跳,在轻松快乐的游戏中获得了知识,教育效果非常理想。

【问题解决】 如何利用家长资源进行幼儿园教育活动,理解家、园、社区三位一体的教育。

【案例评析】 案例中,幼儿园充分利用家长资源来进行教育教学活动,充分体现了幼儿园、家庭、社区三位一体的教育优势。

【知识链接】 幼儿园教育活动的实施途径。

【案例 11】 我们自己去买菜

主题学习活动“好吃的食物”正开展着,带着兴奋的心情,孩子们出发来到了菜市场,看着红红绿绿各式各样的菜,他们都迫不及待地买了起来。有的孩子很快就买好了,拿着自己的“战利品”开心地炫耀着;有的孩子却在东逛西逛,东挑西挑,不知道买什么好;有的孩子还剩下一毛钱,就去买了一个鹌鹑蛋;还有几个孩子把剩下的钱合在一起买了个大蒜头,然后分开一人一半……当孩子们带着自己的成果走在回幼儿园的路上时,个个兴奋地议论着自己买的菜,还说晚上回家要叫妈妈烧。

【问题解决】 如何利用社区资源进行幼儿园教育活动,理解家、园、社区三位一体的教育。

【案例评析】 在幼儿园附近的菜场也为幼儿活动的开展创造了条件、提供了保障。幼儿在整个买菜的过程中,通过与菜场中人与物的相互接触、了解,生活经验得到进一步丰富。同时,也培养了幼儿的交往、操作、判断和合作能力,而这样的效果在教室中模拟演示是不可能达到的。通过利用社区教育资源开展幼儿主题学习活动中,让幼儿在开放的、真实的情景中自由地探索、发现,获得感性体验,积累、丰富生活与学习经验。

【知识链接】 幼儿园教育活动的实施途径。

【案例12】 有趣的声音

听一节中班科学课《有趣的声音》,目标是“喜欢通过动手操作来发现并制造声音;初步了解声音在日常生活中的用途,培养幼儿对音响世界的兴趣”。这位老师准备了一面大鼓和几面小鼓,通过教师示范和个别幼儿操作(敲鼓)来引导幼儿发现“有振动就声音,振动大声音就大,振动小声音就小”。没有操作的孩子在下面消极等待,乱作一团,课后这个老师跟我解释是因为“孩子不能一人一面鼓操作”的原因。我跟她分析,“如果一人有一面小鼓,面对实际的大班人多的现状,你能控制住孩子不乱敲鼓吗?”我立即让孩子们坐好,即兴组织这个活动——让小朋友的小手拍一拍、小手敲敲桌子、小脚跺跺地板、小手放在声带处发“啊”的声音等等,每个孩子都有“操作材料”,都有了操作的机会,都伴随着我的引导有了关于“声音”的体验,教学目标顺利完成了。

【问题解决】 掌握幼儿园教育手段选择的策略。

【案例评析】 案例中,教师较多地采用讲解演示法。在运用操作法时,材料多由教师提供,忽视就地取材、因地制宜的教育策略,幼儿缺乏从周围环境中自选材料的机会,致使材料过于单板而未能有效地引起幼儿操作的兴趣,所以也无法达成教学目标。

【知识链接】 幼儿园教育活动中多种手段选择策略。

【案例13】 简单而又复杂的玩具

情境1:他们为什么合作不起来?

小班的一次户外玩球。两位年轻教师将小班23个小朋友带到室外一块水泥地上,向幼儿示范合作玩球的几种方法:一个抛,一个接;两个将球在地上滚过来滚过去;你拍一下,我拍一下;两人用胸脯合顶着球走,等等。两位教师示范以后,便让幼儿去箩筐取球。幼儿兴奋地跑向箩筐,一人抱着一个球,各自玩起来,有的拍球,有的踢球,有的追着球跑。除了教师一会儿跟这个幼儿合作着玩,一会儿跟另一个幼儿合作着玩，一对小朋友正在用两只球对击之外，其他幼儿都在独自玩球，直到活动结束。

情境 2：珠子的“成长”历程

这一盆珠子已经跟随着幼儿从托班一直到大班，整整四年了，一直没有被玩腻过。

在托班的时候，这盆珠子里放有两只透明大口瓶。幼儿一会儿抓珠子往瓶里放，一会儿又把珠子从瓶里倒出来；后来教师放了小勺和小碗，幼儿一会儿一勺一勺地把珠子舀到碗里；再后来教师又逐步用筷子取代了小勺。这盆珠子里还放过两层盒，幼儿要把上面的珠子从一个小洞滚落到下面的盒子里。有一段时间，盆子里只有珠子，幼儿就玩击球。最后到大班快结束时，一个跳子棋棋盒在盆里出现了。

【问题解决】 掌握幼儿园游戏材料的投放策略。

【案例评析】 对小班幼儿而言，幼儿的游戏形式主要是以平行游戏为主，合作游戏较少。因此，就出现了在情境 1 中的现象。幼儿只是在自身原有的体验基础上玩教师提供的材料，未能理解其中的深意，实现老师的意图。情境 2 中，教师根据幼儿的年龄特点来投放游戏材料，让简单的游戏材料伴随着幼儿从小班玩到了大班。材料的投放要充分考虑幼儿的年龄差异和个体差异；材料投放的方式不是静态的，应该是根据幼儿游戏的需要变化的；材料的投放要有层次性。

【知识链接】 幼儿园游戏材料的投放策略。

【案例 14】 大手怎样教小手?

情境 1：教师提供了一些硬纸壳及挂历纸，目的是想让幼儿自己动手，通过画、剪、贴制作出各种拖鞋及其他物品，结果无人问津。这时，教师用这些材料制作出了非常漂亮的拖鞋，紧接着就有一部分小朋友围过来！活动便继续下去。

情境 2：教师提供了新插塑玩具，有的孩子只插了一种就呆坐在那里。这时，教师用这些材料插出了滑梯、发夹、汽车、火箭等，开阔了幼儿的思路，孩子们便又活跃了起来。

【问题解决】 理解并掌握什么平行介入的策略。

【案例评析】 案例中，教师通过自己的示范，即尽量接近幼儿，与幼儿玩同一种游戏，但和幼儿之间并不互动，教师也没有去干扰幼儿的游戏，其目的只是为幼儿提供行为的范型。因此，教育活动呈现出幼儿兴趣没有被激发出来的现象。在老师采取平行介入对活动加以引导后，幼儿的积极性被调动起来。幼儿参照了教师的玩法，在快乐的体验中学到了新的游戏技能，提高了幼儿游戏的水平。

【知识链接】 理解并能区分、掌握平行介入、交叉介入策略。

【案例 15】 爷爷一家“吃早饭”

棒棒装扮娃娃家的爷爷，游戏时，他一会儿将整张纸放进碗里，一会儿又把纸撕成长条放进碗里。忙碌了一阵，有些没劲，游戏似乎进行不下去了。教师见状，便以娃娃家舅妈的身份进入游戏。“爷爷，在忙什么呢？”棒棒一看有人来了，就高兴地说：“我在做早饭呢。”“哦，我可以和你一起吃吗？”棒棒马上把刚才做的东西放在教师面前：“看，这是大饼和油条。”“呀，今天家里的早饭又换新花样啦！家里的其他人知道吗？”教师的一句话提醒了棒棒，他马上跑过去招呼家人：“早饭吃大饼和油条，快来吃吧。”家人来了，姐姐说：“大饼应该是圆的。”爸爸说：“颜色也不对，应该是黄的。”棒棒说：“那我重新做。”他剪了五个圆，一大四小，说：“爸爸要上班了，吃最大的，孩子吃小的。”舅妈和家人高高兴兴地吃起了大饼和油条。

【问题解决】 理解并掌握什么是交叉介入。

【案例评析】 案例中，教师以娃娃家舅妈的身份参与幼儿的游戏活动，让幼儿的游戏得以继续进行下去。这种介入方式的优点在于：幼儿与教师共同游戏的体验增加了幼儿游戏的趣味性，同时也塑造了幼儿的游戏行为。

【知识链接】 理解并能区分、掌握平行介入、交叉介入。

第七章　幼儿园教育评价

【案例 1】　优质幼儿园整改情况报告①

2009 年 11 月 18 日，江苏省优质幼儿园评估专家组成员对我园进行了认真、规范的现场考察，并根据教育厅《江苏省优质幼儿园评估实施方案》和《江苏省优质幼儿园评估标准》，对照我园实际，下发了整改建议书，具体建议内容为：

1. 教科研研究的连续性不够；游戏活动研究不够深入，教师指导有待加强。

2. 幼儿食谱制定不够科学合理。

3. 幼儿发展水平评估标准不够科学合理，个体发展档案实效性不够。

接到建议书后，我园立即成立整改领导小组，组织全体教职园工重温相关幼教法规和评估标准，认真解读整改建议内容。并针对发展需要和存在的问题制定了整改方案，责任到人，有步骤有计划地实施。

【能力培养】　加深对幼儿园教育活动评价导向与调节功能、诊断功能的认识。

【案例评析】　教育活动评价过程就如同看病就医，只有经过科学的诊断才能"对症下药"。在参与创建省优质幼儿园的评估后，宜兴市紫竹幼儿园根据整改建议书中所提出的整改意见，成立整改领导小组，组织

① 转引自《宜兴市紫竹幼儿园创建省优质幼儿园整改情况报告. http: //wenku. baidu. com/link.

全体教职园工重温相关幼教法规和评估标准，并针对发展需要和存在的问题制定了整改方案。据此不难看出，幼儿园教育活动评价主体对教育活动进行评价时，所依据的评价指标和标准对幼儿园的教育活动有很明显的导向作用，会引导幼儿园教育活动设计与实施，并进一步影响幼儿园的办园方向。

【知识链接】 幼儿园教育评价的意义——导向与调节功能、诊断功能。

【案例 2】 课题研究引领园本课程建设，探索语言教育特色①

多年来，幼儿园围绕语言教育这一主题，积极开展课题研究，2002年，幼儿园确立区级课题《指导农村幼儿主动获取语言信息，提高表达能力的研究》，参与课题研究的教师占到了教师比例的85%，有4位教师撰写的文章在省级层面刊物发表，3位教师撰写的文章在新区层面刊物发表，此课题获得了浦东新区第五届教科研成果评比三等奖。2007年6月幼儿园确立区级课题《主题背景下幼儿语言素养的培养与研究》，并以此课题研究为引领积极开展园本课程建设，选择适宜的课程内容和活动方式（如阅读、小记者、小喇叭、大小舞台等），以多种活动方式实现课题目标，并初步建构了《唐镇幼儿园故事表演课程方案》，积极探索幼儿故事和幼儿故事表演的园本课程建设，将儿童阅览与语言表达能力培养相结合，确立不同班级的阅读目标，注重语言教育在一日活动中的有机渗透，提高幼儿的语言素养。本次督导半日活动观察中发现：幼儿能积极地与材料互动，有兴趣地阅读、看图夹文故事，会较为完整地讲故事，语言表达能力较强。幼儿大方、自信、主动、有礼貌，人际交往能力较强，学习兴趣高，在活动过程中能大胆表达自己的想法。

【能力培养】 加深对幼儿园教育活动评价鉴定与选拔功能的认识。

【案例评析】 这份幼儿园发展性教育督导评估报告客观地描述了该幼儿园近几年来在教学科研、课程改革及活动组织等方面的发展状况。

---

① 转引自《浦东新区唐镇幼儿园发展性教育督导评估报告》。

报告指出："本次督导半日活动观察中发现：幼儿能积极地与材料互动，有兴趣地阅读、看图夹文故事，会较为完整地讲故事，语言表达能力较强。幼儿大方、自信、主动、有礼貌，人际交往能力较强，学习兴趣高，在活动过程中能大胆表达自己的想法。"这是对幼儿园教育效果的客观鉴定。

【知识链接】 幼儿园教育评价的意义——鉴定与选拔功能。

【案例3】 幼儿园"课堂教学"竞赛评分表①

<table>
<tr><th>评价对象</th><th>评价内容</th><th>评价标准</th><th>得分</th></tr>
<tr><td rowspan="10">教师
（55分）</td><td rowspan="3">活动目标
（5分）</td><td>1. 活动目标明确，符合幼儿年龄特点、已有经验和发展需要，能体现领域（学科）活动的特征。（2分）</td><td rowspan="10"></td></tr>
<tr><td>2. 有机整合情感、态度、能力、知识技能等方面的发展需求，避免目标空而大。（2分）</td></tr>
<tr><td>3. 目标的描述具体、清晰、可操作。（1分）</td></tr>
<tr><td rowspan="3">活动内容
（20分）</td><td>1. 教学内容清晰，突出重点，突破难点。（8分）</td></tr>
<tr><td>2. 从学科的特点和幼儿的学习特点相结合的思路来选取教学内容，内容价值取向好。（8分）</td></tr>
<tr><td>3. 选材贴近幼儿生活，具有一定的挑战性。（4分）</td></tr>
<tr><td rowspan="4">教学基本功
（20分）</td><td>1. 能以亲和的态度和灵活的活动形式建构安全、平等、温馨、丰富的学习环境。（3分）</td></tr>
<tr><td>2. 教学基本功扎实，教态真实、自然；语言生动活泼、简洁流畅，富有启发性和感染性，有利于激发幼儿主动学习的兴趣和热情。（5分）</td></tr>
<tr><td>3. 能恰当运用多元化的教学方法和手段，采用适当的指导策略，形成有效的师幼互动、幼幼互动。（7分）</td></tr>
<tr><td>4. 教具制作精美，运用恰当，适合教学内容的需要。（5分）</td></tr>
</table>

① 转引自《幼儿学习网》. http://www.jy135.com/html/guanlizhidu/jiaoyugongzuopingjia

续　表

评价对象	评价内容	评价标准	得分
教师（55分）	活动过程（10分）	1. 活动内容安排合理得当，突出科学性和可行性。（4分）	
		2. 结构严谨，过度自然、流畅、张弛有度，时间安排适当。（4分）	
		3. 能有效运用生成目标，灵活把握教育契机。（2分）	
幼儿（45分）	活动态度	1. 轻松、愉快、积极、有序、乐于参与活动。情绪稳定，有安全感。（5分）	
	活动表现	2. 有良好的学习表现，会利用老师所提供的环境和资源进行学习，对学习感兴趣，能主动参与探索、操作、讨论、表述等活动流程，愿意与同伴分享和合作。（20分）	
	活动成效	3. 活动中有自信的表现和成功感。获得与活动内容相关的新经验和新体验，在经验、能力和智慧等方面有所发展，有属于个体的新收获。（20分）	

【能力培养】 掌握幼儿园教育活动评价的主要内容。

【案例评析】 此《幼儿园“课堂教学”竞赛评分表》对幼儿园教育活动所需要评价的主要内容作了具体的分解，并对分解后的各项指标作了具体要求。由此可知，幼儿园课堂教学活动的主要被评价对象主要是教师和幼儿，幼儿园教育活动评价的主要内容包括对教师教的评价、对幼儿学习的评价和对幼儿发展的评价三个方面。

【知识链接】 幼儿园教育活动评价的主要内容。

【案例4】　幼儿园学习活动评估细则[1]

<table>
<tr><th>评估
区域A</th><th colspan="2">评估
项目B</th><th>评估
要点C</th><th>评估细则及评分标准</th></tr>
<tr><td rowspan="3">A4
保
教
水
平
(30)</td><td rowspan="3">B9</td><td rowspan="3">教
育
活
动
(14)</td><td>21. 学习
活动(5)</td><td>学习活动有序、有层次,有利于启发幼儿的思维(1);活动目标明确,符合幼儿年龄特点和班级实际水平,有层次、可操作,能体现差异性(1);学习内容的选择有挑战性、趣味性、灵活性(1);善于使用启发引导的方式,引导探索学习,指导能因人而异,提供幼儿自己探索的空间(1);能挖掘利用本地区自然、社会、文化等教育资源和幼儿生活中的教育因素(1)</td></tr>
<tr><td>22. 游戏
活动(5)</td><td>按幼儿园玩具配备目录配齐配足教玩具,满足游戏需要(1);游戏主题丰富多样(1);符合各年龄段幼儿的特点(1);有游戏场景创设,有场地、时间保证(1);恰当指导游戏过程,促进幼儿能力与个性发展(1)</td></tr>
<tr><td>23. 体育
活动(4)</td><td>生活作息安排符合幼儿身心、季节特点(1);幼儿户外活动(常态下)时间两小时以上(1);体育活动张弛有度,强度密度合理(1);户外体育活动时间一小时以上,游戏时间三小时以上(1)</td></tr>
</table>

【能力培养】　了解对幼儿学习进行评价的主要内容。

【案例评析】　此《幼儿园学习活动评估细则》对幼儿学习活动所需要评价的主要内容作了具体的分解,并对分解后的各项指标作了具体要求。由此可知,幼儿学习的评价主要包括幼儿对教育活动的参与度、幼儿的情感态度、幼儿的学习方式、幼儿在教育中的互动程度、幼儿在教育活动中的能力、幼儿的学习习惯等内容。

【知识链接】　幼儿学习的评价内容。

---

① 转引自《南通市幼儿园发展性综合督导评估标准》. 详见《南通市幼儿园发展性综合督导评估方案(试行)》.

【案例5】 幼儿发展评价标准[①]

<table>
<tr><th>评估区域A</th><th colspan="2">评估项目B</th><th>评估要点C</th><th>评估细则及评分标准</th></tr>
<tr><td rowspan="3">A4保教水平(30)</td><td rowspan="3">B11</td><td rowspan="3">幼儿发展(14)</td><td>26. 动作发展(3)</td><td>幼儿走、跑、跳、投、钻、攀、爬等基本动作正确、协调(1);能熟练、规范使用常用的学习、劳动工具及各种器材,具有与年龄相适应的操作技能(1);具有基本的生活自理能力(1)</td></tr>
<tr><td>27. 习惯养成(3)</td><td>有良好的进餐、睡眠、如厕、盥洗和保持个人整洁的卫生习惯(1);坐、行、读、写姿势正确(1);活动中有规则意识和任务意识,活动后能及时整理物品(1)</td></tr>
<tr><td>28. 情感培养(6)</td><td>能听懂和理解简单的语意,能清楚地表达自己的意愿(1);喜欢阅读,能初步理解图画、符号的意义(1);能初步感受自然、生活和艺术中的美(1);园内生活愉悦、轻松、满足,情绪稳定(1);喜欢和信任老师、保育员,接纳和亲近同伴(1);喜欢参加群体活动,在活动中懂得与他人相处的方式和礼仪,乐意与同伴合作(1)</td></tr>
</table>

【能力培养】 了解对幼儿发展进行评价的主要内容。

【案例评析】 此《幼儿发展评价标准》对幼儿发展所需要评价的主要内容作了具体的分解,并对分解后的各项指标作了具体要求。由于当前的幼儿园课程是以整合式、主题式的脉络和结构展开的,在一个幼儿园教育活动中所能反映和呈现的幼儿能力和发展水平方面的信息也是交叉而多元的,它可能涉及不同的智能领域。因此,在幼儿园教育评价的实际操作中,可以将幼儿的发展性指标加以整理,从不同的智能发展领域出发,与《幼儿园教育指导纲要(试行)》中的幼儿能力发展评估项目和内容相结合,构成一份较完整且可操作的幼儿能力发展水平评价标准。

【知识链接】 幼儿发展的评价内容。

---

① 转引自《南通市幼儿园发展性综合督导评估标准》.详见《南通市幼儿园发展性综合督导评估方案(试行)》.

【案例6】　幼儿园教师语言教育活动评价标准①

内容	标准	分值	得分
目标	1. 能根据《幼儿园教育指导纲要》及幼儿年龄特点和本班幼儿实际水平制定目标;突出幼儿探究与解决问题的能力的培养;目标具体明确、可查可检。	5	
	2. 能根据目标和幼儿兴趣选择适宜的、幼儿感兴趣的、贴近幼儿生活的教育内容。要考虑目标的完整性与目标的整合。	5	
准备	3. 能帮助幼儿做好相关生活经验和有关知识的准备。教师对所探讨的问题有深入的研究,对幼儿可能提出的答案有充分的准备。	5	
	4. 能根据目标和内容准备充足的教具、学具和材料,便于幼儿主动活动和相互学习,教育环境、材料能物化教育目标,鼓励、引导幼儿积极探索、发展。探究材料能反映对幼儿不同层次的要求。	5	
过程	3. 能帮助幼儿做好相关生活经验和有关知识的准备。教师对所探讨的问题有深入的研究,对幼儿可能提出的答案有充分的准备。	5	
	4. 能根据目标和内容准备充足的教具、学具和材料,便于幼儿主动活动和相互学习,教育环境、材料能物化教育目标,鼓励、引导幼儿积极探索、发展。探究材料能反映对幼儿不同层次的要求。	5	
	5. 活动过程能围绕目标进行,结构层次清楚,有灵活的组织形式,各环节安排合理,衔接自然、紧凑、重点难点突出。	10	
	6. 能采用游戏和操作等活动方式,引导幼儿在感知、体验、发现的过程中主动学习,为幼儿留下探究、思考的余地。	10	
	7. 能有效地支持、引发、帮助、鼓励幼儿大胆探索与表达,即以适当的方式应答,形成合作、探究式的师生互动。	10	

① 转引自《密云学前教育网》. http://yj.myedu.gov.cn/Info/2010/9/15/9b04eb37f30d46db912ca54f96112bfa.shtml

续 表

内容	标准	分值	得分
过程	8. 尊重幼儿在发展水平、能力、经验、学习方式等方面的个体差异,因人施教、努力使每个幼儿都能获得满足和成功。鼓励、引导幼儿获得主动的发展。	10	
	9. 充分利用空间、设施,活动材料、常规要求有利于引发、支持、幼儿游戏和多种探究活动,有利于支持引发幼儿与周围环境之间的相互作用。	10	
	10. 教师的提问具有发散性、开放性,有效地引导幼儿的探究活动层层深入。教师教态亲切自然,语言生动、规范。注重创设安全的探究氛围。	10	
	11. 正确诊断幼儿表现,及时调整教学计划,及时捕捉教育契机、引导帮助幼儿对活动结果及学习方法进行总结,注重对探究精神、探究问题的能力的培养。幼儿的语言表达中是否有否定句、疑问句及能提出质疑的问题。	5	
效果	12. 绝大多数幼儿能充分参与活动,学习的积极性高、兴趣高、思维活跃、在活动中表现出积极性、主动性和创造性。	5	
	13. 多数幼儿能在活动过程中是否专注、积极,大胆表达与交流,在原有水平上获得了真正的发展,获得了有益的经验。多数幼儿基本达到目标,每个幼儿在原有基础上取得进步。	5	
	14. 幼儿有良好的学习习惯。	5	
合计		100	

【能力培养】 如何对教师的"教"进行评价。

【案例评析】 此《幼儿园教师语言教育活动评价标准》对教师的教学过程所需要评价的主要内容作了具体的分解,并对分解后的各项指标作了具体要求。据此可知,教师评价的内容主要涉及教师所制定活动目标的科学性、统一性、整合性、针对性、可操作性程度;教师所选择教育活动内容的适宜性、有效性、针对性、挑战性、多元性、整合性、自然性和开放性程度;教师所使用教育活动方法的适宜性、有效性程度;教师所准备教育活动环境材料的适宜性、启发性、多样性和开放性程度。

【知识链接】 幼儿教师"教"的评价内容。

【案例 7】　小班艺术《彩色鸟》教学活动案例评析

活动目标：

1. 结合绘本《变色鸟》的故事情节，感知三原色混合所产生的色彩变化。

2. 玩吃果子游戏，体验色彩涂鸦的乐趣。

评析：本活动从小班幼儿年龄特点这一实际出发，“结合绘本《变色鸟》的故事情节”，萌发幼儿对美术活动的兴趣，有愉快的情绪体验和美好的情感；“感知三原色混合所产生的色彩变化”，鼓励幼儿大胆地表达自己的经验、情感和想象；“玩吃果子游戏，体验色彩涂鸦的乐趣”，培养幼儿初步的美术观察力、感受力、想象力和创造力，掌握简单的美术技能。

活动准备：

1. 幼儿操作红、黄、蓝颜料各 6 瓶（颜料瓶）。

2. 棉签若干（每 3 根用透明胶绑起来）。

3. 小白鸟纸鸟人手 1 只。

4. 教具大纸鸟 1 只。

5. 红黄蓝果树 3 棵。

6. 鸟巢 4 个（用稻草做成）。

7. 背景音乐。

评析：美术活动是手、眼、脑并用，涉及工具材料很多的活动。活动前的准备充分与否，是活动成功与否的先决条件。而本活动中所要使用的红、黄、蓝三原色是小班幼儿已有的经验准备；本活动的教具材料的准备与投放也十分到位。

活动过程：

1. 谈话活动

师：瞧，我是谁？

幼：陆老师。

师：（教师出示一只大白鸟于胸前）再看看我是谁？（小鸟）它是什么颜色的？

幼：白色的。

师：今天我就是你们的白鸟妈妈。

师：白鸟妈妈也想和你们一样有一件漂亮的花衣服，我们一起来看一看，听一听，它是怎么做的？

评析：教师创设了鸟妈妈的角色，为接下来的活动做好铺垫，同时也引起了幼儿的兴趣。激发幼儿的兴趣对于幼儿从事美术活动并得到发展至关重要，因为幼儿只对他们能够理解并符合符合他们发展需要的事物和活动感兴趣。

2. 教师讲述故事开头部分，引出活动。

师：灰色的天空有白云，灰色的大地有树林，一只白鸟妈妈向前飞，飞呀！飞呀！白鸟妈妈落在树枝上，“啊呜啊呜”吃了几颗红果子，好香好甜哪！白鸟长出了一些红羽毛。（老师用棉签在“白鸟妈妈”身上画上一些红颜料）

师：白鸟妈妈吃了一颗红果子，发生了什么事情？

幼：她长出了红色的羽毛。

师：哦，白鸟妈妈吃了一颗红色的果子，长出了一些红羽毛，真有趣呀！你们想不想也做一只小白鸟跟着白鸟妈妈一起去吃果子呢？（想）

师：瞧，鸟宝宝们都在鸟窝里面休息，请你们轻轻地把他们拿出来。（教师带领幼儿来到“鸟窝边上”，每人拿一个小白鸟）

师：小白鸟们，我们一起去吃果子吧。

评析：故事的讲述有一定的渲染力。当白鸟妈妈吃下了红色的果子时长出了红颜色的羽毛时这一“神奇”的现象引起了幼儿的关注，提高了幼儿的兴趣，在此情况下，幼儿能够主动地学习。再者，教师在白鸟妈妈身上画上一些红色的颜料其实也起到了一定的示范作用。

3. 玩吃果子游戏，体验色彩涂鸦的乐趣。（背景音乐）

师：飞呀飞呀，我们飞到了一颗红果子树下面，吃了两颗红果子。好香好脆呀，“啊呜啊呜”！（幼儿拿着小白鸟“吃果子”）

师：赶快让小白鸟的身上长出了一些红色的羽毛来。（教师引导幼儿认识红颜料宝宝，并且利用棉签将红色的颜料涂在小白鸟的身上）

师：白鸟宝宝们，我们要继续往前飞咯，赶快跟上鸟妈妈哦，可别走丢啦！

师：我们又来到了什么颜色的果树下呀？

幼：黄果子。

师：我们一起再来吃两颗黄果子吧！“啊呜啊呜”！（幼儿一起吃黄色的果子）

师：我们的羽毛变得更漂亮了！鸟宝宝们，我们继续往前飞咯……

教师引导幼儿继续吃蓝颜色果子。

师：吃了那么的果子，我们请鸟宝宝们回到鸟窝里面休息一下，好吗？（引导幼儿将鸟宝宝放进鸟窝里）

评析：通过幼儿喜欢的吃果子游戏形式，来体验色彩涂鸦的乐趣，符合小班幼儿年龄发展的特点。一次吃一种颜色的果子，使在幼儿涂色的过程中自己发现颜色的变化，体现知识形成的过程性。在轻松的背景音乐下，幼儿们开始“变色”，此时的环境气氛积极而又宽松，使幼儿体验到涂鸦的乐趣。但是教师在吃果子的过程中可能没有关注到个别行动比较慢的幼儿。

4. 集体交流

师：哟，你们太了不起了！瞧，刚才的白鸟宝宝已经变成了一只漂亮的彩色鸟啦。而且每一只彩色鸟的衣服都是不一样的哦！我们一起来看一看，你的彩色鸟身上都有哪些漂亮的颜色？（请幼儿说一说喜欢那个彩色鸟）

幼：有绿色、紫色、黑色、橙色……

评析：活动的衔接比较自然。但有个别幼儿可能对于紫色还不是很认识，也可能是红蓝的比例关系，出现了“黑色”。

师：咦？刚才我们一起吃了红色、黄色、蓝色的果子，怎么会变出绿色、紫色的花？谁发现了这个秘密？（出示鸟妈妈）谁愿意在鸟妈妈身上变出好看的颜色？

（幼儿 1 选择了黄颜色的果子和蓝颜色的果子，在鸟妈妈身上变出了绿色；幼儿 2 选择了红颜色的果子和和蓝颜色的果子，变出了紫色。）

师：原来两种漂亮的颜色宝宝抱一抱、亲一亲，会变出另外一种漂亮的颜色来。

幼：两个颜色碰在一起，抱一抱、亲一亲……

教师适当小结，红色和黄色变出橙色，黄色和蓝色变出绿色等。

师：你们真是太了不起了，在你们的帮助下，鸟妈妈也穿上了一件漂亮的花衣服，而且这件花衣服是也唯一的，再也找不到第二件一模一样的了。为你们的能干拍拍手吧！

评析：通过幼儿的实验：黄颜色的果子和蓝颜色的果子，在鸟妈妈身上变出了绿色，红颜色的果子和和蓝颜色的果子，变出了紫色等，让幼儿自己探索与发现，初步感知三原色混合所产生的色彩变化。在此环节中，教师与幼儿的关系处理得较好，既让幼儿充分发表自己的看法，又把握住方向，用拟人化的口吻："原来两种漂亮的颜色宝宝抱一抱、亲一亲，会变出另外一种漂亮的颜色来"，使幼儿比较容易接受。

5. 活动延伸

师：瞧，调皮的彩色鸟又飞到陆老师的故事书里面了。故事里面的彩色鸟还在继续吃着其他彩色的果子，它还会发生一些什么有趣的事情呢？我们带着彩色鸟回到教室里面，老师再讲给你们听好吗？

评析：以绘本开始，以绘本结尾，一脉贯穿，结束得较为自然。但似乎还有很多"有趣"的事情等着幼儿们去探索、去发现，色彩变化的游戏还在进行着……

活动总评：三、四岁的小班幼儿处于一个由无表现意图向有表现意图绘画转化的阶段。指导小班的美术首先要密切注视幼儿发展的进程，根据转化的不同阶段采取不同的美术活动内容和方式，鼓励幼儿涂鸦并为其提供充分的条件。而小班上学期的幼儿基本处于涂鸦期，所以本活动从小班幼儿的年龄特点出发将目标定位于：1. 结合绘本《变色鸟》的故事情节，感知三原色混合所产生的色彩变化。2. 玩吃果子游戏，体验色彩涂鸦的乐趣；本活动目标具有多维性，分别从知识与技能、方法与过程、情感态度价值观出发。而红、黄、蓝三原色是小班幼儿已有的经验基础，通过本活动发现三原色混合所产生的色彩变化对幼儿的发展具有一定的提升空间。

本活动是一个美术活动，所以涉及的工具材料很多，而活动前的准备充分与否，是活动成功与否的先决条件。本活动的教具材料的准备较为丰富与到位，另外还有较为轻松的背景音乐，使幼儿在宽松自在的氛围下充分体验色彩涂鸦的乐趣。本活动各环节的思路较为清晰：以绘本故事白鸟这一角色将幼儿带入一定的情境之中，以游戏的形式带领幼儿吃红果子，长出红色的羽毛，然后再带着幼儿一起吃黄色、蓝色的果子，在幼儿涂色的过程中让幼儿自己发现颜色的变化。最后再由老师引导进行试验验证幼儿的想法，再到最后回归绘本"故事里面的彩色鸟还在继续吃着其他彩色的果子，它还会发生一些什么有趣的事情呢?"作为延伸活动。本活动从激发兴趣、教师示范、动手操作、交流分享和延伸活动，各环节衔接也较为自然。

整个活动教师的教态十分亲切自然，教师会蹲下来始终与幼儿保持同一水平，而鸟妈妈与鸟宝宝的角色更是拉近了教师与幼儿的距离。当幼儿发现了红、黄、蓝三原色混合所发生的变化时，教师适时地引导幼儿再进行涂色实验，即教师对幼儿即将出现的新阶段有一定的预感，为其转化创造条件，做好准备，并适时地导入新阶段，最后再告诉幼儿"原来两种漂亮的颜色宝宝抱一抱、亲一亲，会变出另外一种漂亮的颜色来"。这样，幼儿的主体性与参与性也充分得到了发挥，幼儿的经验得以丰富，能力也得到了一定程度的提升。

整个活动是围绕红、黄、蓝三原色混合所发生的色彩变化，体验色彩涂鸦的乐趣。但是活动中教师教具白鸟妈妈三原色混合所发生的色彩变化不够明显，是否可以再显著一些，以逐步引导幼儿在玩玩做做中感受到这种色彩变化的美感。

【能力培养】　掌握幼儿园教育活动评价的情境性原则。

【案例评析】　在这则案例评析中，评价者始终从幼儿的情感体验出发，对小班艺术《彩色鸟》教学活动展开评价。评价者在教学情境中仔细观察幼儿的活动情况，记录他们在教学活动中的参与、操作、实验、交流、合作、态度等方面的状况，并以此为切入点，对整个教学活动作出分析和评价。

【知识链接】　幼儿园教育活动评价的原则。

【案例8】 5岁幼儿发展评价方案①

一级指标	二级指标	三级指标	评价标准			
			Ⅰ级(5分)	Ⅱ级(4分)	Ⅲ级(3分)	Ⅳ级(2分)
A_3 品德与个性发展(0.30)	B_{12} 品德行为(0.30)	C_{31} 文明礼貌(0.30)	会用礼貌用语，会主动、有礼貌地待客、做客、回答问题。	懂礼貌，会礼貌地待客、做客、回答问题。	礼貌用语掌握得不够好，礼貌待客、做客、回答问题的能力较差。	不会使用礼貌用语，不能礼貌待客。
A_3 品德与个性发展(0.30)	B_{12} 品德行为(0.30)	C_{32} 爱惜物品	能够爱惜花草树木，爱护公物，玩具、学具完好，不浪费粮食、水、电，保持环境整洁。	能够较好地爱护花草树木及公物，玩具、学具基本完好，不浪费粮食、水、电，能够较好保持环境整洁。	不能很好地爱惜物品，包括玩具、学具和粮食、水、电，不能很好地保持环境整洁。	不能做到爱惜物品，学具和玩具保存得不好。
		C_{33} 遵守规则(0.20)	能够自觉遵守生活常规及游戏规则和秩序。	能够遵守生活常规及游戏规则和秩序，遵守公共规则和秩序，偶尔违反。	懂得规则。往往做不到，常有违反规则现象。	不理解规则，也不能按规则去做。
		C_{34} 是非判断能力(0.20)	能分辨明显的对与错，知道应该学习好的榜样，能初步正确地评价他人和自己的言行。能控制自己的行为。	能分辨明显的对与错，知道应该学习好的榜样，能初步正确地评价他人和自己的言行。控制自己的行为较差。	基本能分辨明显的对与错，评价能力差，控制自己的行为差。	不能分清明显的对错。

① 霍力岩. 学前教育评价. 北京：北京师范大学出版社，2002：172.

续　表

一级指标	二级指标	三级指标	评价标准			
			Ⅰ级(5分)	Ⅱ级(4分)	Ⅲ级(3分)	Ⅳ级(2分)
A_3 品德与个性发展(0.30)	B_{13} 情感(0.20)	C_{35} 基本情感(0.60)	情绪、情感积极愉快,会适当表达自己的基本情感(喜、怒、哀、惧、恶、欲),爱护小动物,爱周围的人,关心病人、老人,热爱劳动者。	情绪、情感积极愉快,会适当表达自己的基本情感,爱护小动物,爱周围的人,关心病人、老人,热爱劳动者。	情绪、情感积极愉快,在感情表达方式上欠妥,如:撒娇等,爱护小动物,爱周围的人。	情绪、情感低落,不能适当地表达自己的感受。
		C_{36} 高级情感(0.40)	有一定的道德情感(责任感、集体荣誉感等),爱祖国、爱家乡,为自己是中国人及家乡祖国的成就而自豪,有初步感受美、表现美的情趣。	有一定的道德情感,爱祖国、爱家乡、有初步感受美、表现美的情趣。	能做到爱祖国、爱家乡,道德感较差,表现美的能力较差。	没有形成一定的道德感,感受美和表现美的能力差。
	B_{14} 社会交往(0.20)	C_{37} 社会交往(1.00)	能积极、主动、愉快地与人交往,会合作游戏,尊重别人,能自己解决同伴间的纠纷,会分享。	能积极、主动地与人交往,会合作游戏,尊重别人。	与人交往时比较激动。	不愿也不能与人交往。

续　表

A_3 品德与个性发展（0.30）	B_{15} 个性发展水平（0.20）	C_{38} 自我意识（0.60）	知道自己的姓名、性别、年龄、所上的幼儿园名称，会写姓名，了解自己突出的优缺点，做事情有信心，有独立性。	知道自己的姓名、性别、年龄、所上的幼儿园名称，会写姓名，知道自己突出的优缺点，能独立有信心地做事情。	知道自己的姓名、性别、年龄、所上的幼儿园名称，会写姓名，不知道自己突出的优缺点，做事情依赖别人。	对自己缺乏信心、做事独立性差。
		C_{39} 性格（0.40）	活泼、开朗、大方、兴趣广泛，求知欲强。	活泼、开朗、大方、兴趣较广泛，有较强的求知欲。	比较任性，兴趣不广泛，求知欲较差。	任性、执拗，求知欲差。
	B_{16} 特长（0.10）	C_{40} 特长（1.00）	有一定的专长（琴、棋、书、画等），在区级以上比赛中获奖。	有一定的专长（琴、棋、书、画）。	无专长，但有自己特别的爱好。	无专长，也没有特别的爱好。

【能力培养】 了解如何确定评价方案。

【案例评析】 确定5岁幼儿发展评价方案的第一步是指标体系的实际编制。幼儿发展这个总目标可以被逐层分解为三级指标，这三级指标分别用A、B、C来表示，具体如下表所示。

5岁幼儿发展评价总目标分解表

一级指标	二级指标	三级指标
A_1 身体与动作发展	B_1 参加体育活动的兴趣	C_1 参加体育活动的兴趣
	B_2 健康水平	C_2 健康水平
	B_3 粗大动作技能	C_3 基本动作
		C_4 综合动作技能
		C_5 操节队形

续　表

一级指标	二级指标	三级指标
A_1 身体与动作发展	B_4 精细动作技能	C_6 使用工具
		C_7 使用文具
		C_8 美工技能
		C_9 结构造型
	B_5 生活能力	C_{10} 自我服务能力
		C_{11} 简单的劳动技能
		C_{12} 自我保健、保护能力
A_2 认知发展	B_6 知识经验	C_{13} 好奇心、求知欲
		C_{14} 简单的自然知识
		C_{15} 简单的社会知识
	B_7 智力	C_{16} 观察力
		C_{17} 注意力
		C_{18} 记忆力
		C_{19} 想象力
		C_{20} 概括能力
	B_8 语言水平	C_{21} 语言理解力
		C_{22} 语言表达力
		C_{23} 非文字阅读能力
	B_9 初步的数学能力	C_{24} 口头运算能力
		C_{25} 数学运算能力
		C_{26} 几何图形
	B_{10} 初步时空和度量知识	C_{27} 简单的度量单位
		C_{28} 空间及相对性
		C_{29} 时间
	B_{11} 音乐素质	C_{30} 音乐素质

续 表

一级指标	二级指标	三级指标
A_3 品德与个性发展	B_{12} 品德行为	C_{31} 文明礼貌
		C_{32} 爱惜物品
		C_{33} 遵守规则
		C_{34} 是非判断能力
	B_{13} 情感	C35 基本感情
		C_{36} 高级感情
	B_{14} 社会交往	C_{37} 社会交往
	B_{15} 个性发展水平	C_{38} 自我意识
		C_{39} 性格
	B_{16} 特长	C_{40} 特长

第二步是标准体系的实际编制。在形成指标体系的基础上，确定本评价方案采用四等及评价标准，并为四个等级分别赋值 5、4、3、2，然而再为每一指标项的四个等级编制出相应的评价标准(可具体操作的指标)，从而使对每一指标的评价成为可能。

形成指标体系和形成标准体系并不是截然分开的，而是有机地联系在一起的。我们在做形成指标体系的工作时，并没有一下子就把指标分解到可以操作的最低层次，而是只分解到三级指标就“暂停”了。我们将形成可以操作的最低层次指标的工作留到了形成标准体系时来做，先确定本评价方案采用的等级评价标准并分别赋值，然后再将每一指标项具体化为可以用来直接进行评价的指标。形成指标体系和形成标准体系的这种密切联系也可以让我们更好地体会编制学前教育评价方案的工作是一个整体的工作，而不是割裂性的工作。

第三步是计量体系的实际编制。指标体系和标准体系建立后，我们需要做的就是根据不同的指标项目在指标体系中的地位和作用为它们分配适宜的权重值，形式计量体系。假定根据我们对 5 岁幼儿发展评价指标体系中一级指标的分析，我们认为幼儿的身体与动作发展、认知发展、品德与个性发展这三个一级指标在整个幼儿发展中的地位与作用可以分别赋值 0.4、0.35 和 0.25 来表示，我们则可以在每一级指标的后面标出它们各自的权重；依此类推，一级指标进一步分解后的各个二级指标也要分别赋予相应的权重值，二级指标进一步分解后的各个三级指标也要分别赋予相应的权重值。由此，我们可以得到下表：

一级指标	二级指标	三级指标
A_1 身体与动作发展(0.40)	B_1 参加体育活动的兴趣(0.1)	C_1 参加体育活动的兴趣(1.0)
	B_2 健康水平(0.20)	C_2 健康水平(1.00)
	B_3 粗大动作技能(0.20)	C_3 基本动作(0.40)
		C_4 综合动作技能(0.30)
		C_5 操节队形(0.30)
	B_4 精细动作技能(0.20)	C_6 使用工具(0.30)
		C_7 使用文具(0.20)
		C_8 美工技能(0.30)
		C_9 结构造型(0.20)
	B_5 生活能力(0.30)	C_{10} 自我服务能力(0.40)
		C_{11} 简单的劳动技能(0.30)
		C_{12} 自我保健、保护能力(0.30)
A_2 认知发展(0.30)	B_6 知识经验(0.20)	C_{13} 好奇心、求知欲(0.40)
		C_{14} 简单的自然知识(0.30)
		C_{15} 简单的社会知识(0.30)
	B_7 智力(0.25)	C_{16} 观察力(0.20)
		C_{17} 注意力(0.20)
		C_{18} 记忆力(0.20)
		C_{19} 想象力(0.20)
		C_{20} 概括能力(0.20)
	B_8 语言水平(0.25)	C_{21} 语言理解力(0.40)
		C_{22} 语言表达力(0.40)
		C_{23} 非文字阅读能力(0.20)
	B_9 初步的数学能力(0.10)	C_{24} 口头运算能力(0.30)
		C_{25} 数学运算能力(0.30)
		C_{26} 几何图形(0.40)
	B_{10} 初步时空和度量知识(0.10)	C_{27} 简单的度量单位(0.20)
		C_{28} 空间及相对性(0.40)
		C_{29} 时间(0.40)
	B_{11} 音乐素质(0.10)	C_{30} 音乐素质(1.00)

续 表

<table>
<tr><th>一级指标</th><th>二级指标</th><th>三级指标</th></tr>
<tr><td rowspan="10">A_3
品德与个性发展
(0.30)</td><td rowspan="4">B_{12}品德行为(0.30)</td><td>C_{31}文明礼貌(0.30)</td></tr>
<tr><td>C_{32}爱惜物品(0.30)</td></tr>
<tr><td>C_{33}遵守规则(0.20)</td></tr>
<tr><td>C_{34}是非判断能力(0.20)</td></tr>
<tr><td rowspan="2">B_{13}情感(0.20)</td><td>C_{35}基本感情(0.60)</td></tr>
<tr><td>C_{36}高级感情(0.40)</td></tr>
<tr><td>B_{14}社会交往(0.20)</td><td>C_{37}社会交往(1.00)</td></tr>
<tr><td rowspan="2">B_{15}个性发展水平(0.20)</td><td>C_{38}自我意识(0.60)</td></tr>
<tr><td>C_{39}性格(0.40)</td></tr>
<tr><td>B_{16}特长(0.10)</td><td>C_{40}特长(1.00)</td></tr>
</table>

经过上述指标体系、标准体系和计量体系的逐一编制,最终形成一份可以运用于实际工作的《5岁幼儿发展评价方案》。

【知识链接】 确定评价方案的步骤。

【案例9】 实况详录与日记描述

观察记录1: 第25天,黄昏,祖母坐在火炉旁,她把婴儿平放在自己的膝盖上。婴儿感到非常满意,她盯着祖母的脸。这时,我走近祖母,并坐在她身旁,把脸伏在婴儿身上。这样,婴儿不能直接看到我的脸。她努力把眼睛转向我的脸。不久,她额头和嘴唇的肌肉就出现了轻微的紧张。然后,她又把眼睛转回到祖母脸上,继而又转向了我,如此往返几次。最后,她似乎看见了肩上的一片灯光,她转动眼睛和头以便能更好地看见它。注视了一会儿,她的脸上出现了一种新的表情——一种模糊的初步的热情。她不再只是盯着它,而是真正地去看它。

观察记录2: 刚刚下课才一会儿,沙沙就尖叫起来。一条无毒的小蛇正在她的桌上爬着。全班哗然,过了一阵总算安静下来了。班米拉用纸做了一个口袋,主动提出让他把蛇弄出去。我同意了。放学后我把班米拉留下来,问是不是他在沙沙桌上放了蛇。他说:“难道你也不喜欢蛇吗?”我重复了一遍我的问题。他开始抽泣,嘴里不停地咕哝着关于喜欢不喜欢蛇的事,说是奇怪怎么有人喜欢蛇,有人又不喜欢。等班米拉停止抽泣时,我告诉他,如果他想谈谈蛇的话,以后我可以找个时间专门和他讨论蛇。他点头说“好吧”,就离开了。

(解释:今天的行为对于班米拉来说,是一种异常行为。在我过去对他的印象中,他总是对同学很友好,他与沙沙的关系尤其不错。是不是可能由于他,实际上是想与沙沙共享这一令人惊喜的发现而这么做的呢?尽管他的这种愿望是不可能实现的。我很奇怪他在哪儿弄到了这条蛇,全班为此热闹了好一阵)

【能力培养】 了解实况详录法与日记描述法的特点。

【案例评析】 观察记录一详细地记录了一名婴儿在出生第25天的黄昏与周围人员接触时所发生的行为变化。观察者详细、完整地记录了婴儿在自然状态下的行为和细节,并通过行为和细节来探析婴儿的情感体验,体会婴儿的内心世界。观察记录二通过日记的形式记录了观察者一直以来关注的两位儿童课间所共同经历的一件趣事,并将所观察到的儿童活动行为同以往的观察材料进行比较分析,进而分析得出儿童行为出现的原因。

【知识链接】 定性评价的信息采集方法——观察法。

【案例10】 幼儿园教师教育教学能力现状调查

幼儿园教师教育教学能力现状调查访谈提纲(幼儿版)

1. 你叫什么名字?

2. 你今年几岁了?

3. 请告诉我你的入园时间。

4. 你听说过双语教育吗,你认为学前双语教育的目标是什么?

5. 你的老师是怎样创设教育环境的?(精神环境、物质环境——教材、教具等)

6. 你认为应该怎样把双语教育融入生活常规教育呢？

7. 你的老师在双语教育中都运用了哪些教育的形式和方法？

访谈记录

访谈时间：2013 年 6 月 15 日

访谈地点：幼儿园园长办公室

访谈对象：中(三)班李明小朋友

访谈者：你叫什么名字？

幼儿：李明。

访谈者：你今年几岁了？

幼儿：4 岁。

访谈者：请告诉我你的入园时间。

幼儿：我去年 3 岁。

访谈者：你听说过双语教育吗，你认为学前双语教育的目标是什么？

幼儿：听说过，不知道。

访谈者：你的老师是怎样创设教育环境的？

幼儿：老师很喜欢画画，我也喜欢画画。

访谈者：你认为应该怎样把双语教育融入生活常规教育呢？

幼儿：……(沉默不语)

访谈者：你的老师在双语教育中都运用了哪些教育的形式和方法？

幼儿：吴老师教我们英语。

【能力培养】 掌握同幼儿进行访谈的技巧。

【案例评析】 这份访谈提纲的访谈对象是幼儿，目的是通过对幼儿的访谈间接性地了解该幼儿园教师的教育教学能力现状，共包含 7 个问题。在实际访谈过程中，绝大多数幼儿除了能准确回答第 1、第 2 个问题外，对随后 5 个问题的回答皆文不对题。究其原因，主要是由于访谈过程中向幼儿所提的问题难度太大造成的。因此，对幼儿的访谈问题的深度要适合幼儿。幼儿年龄小，容易受他人影响，形成自我暗示；不易分清现实与想象的边界，具有较强的从众心理。此外，访谈应尽量在自然生活或教育教学环境中进行，如在教室里面或在室外的游戏场所开展访谈。此案例中访谈发生的地点在园长办公室，这样一个对于幼儿而言较为陌生的环境难免会对幼儿的心理产生影响。

【知识链接】 定性评价的信息采集方法——访谈法。

【案例 11】　不断完善，以评促建[①]

幼儿园在现有发展基础上，对未来发展理应追求更高的境界，建议园方要进一步完善教师的激励机制，适当增加园级骨干比例或在条件许可的情况下实施园内低评高聘制度，激发教师的内驱力。近年来，教研组内和教师个人申报与研究的课题较少，主课题已立题多年，但阶段性成果不多。园方可对教师进一步加强课题研究的培训、指导与管理，并配以一定的引导与激励措施，如强化课题机制、建科研园地、编撰科研成果集等，鼓励教师多出成果、出好成果，既可激励成熟型教师不断持续发展，又能使幼儿园的课题研究不断向纵深发展。

幼儿园的课程建设还有很大的发展空间，建议：进一步健全课程组织网络，充实与完善课程领导小组、研究小组和评价小组，明确职责，以制度建设为重点，加强课程管理，提高管理效能。进一步明确幼儿园的课程价值取向，提出具有幼儿园特点的课程理念，从课程、教师、幼儿三个维度完善课程建设目标。在课程内容、主题计划等方面更好地呈现基础性课程与选择性课程之间的关系。在课程评价方面，提前告知，更好地体现导向与预测功能；注重过程，更好地体现教育与管理；加强互动，更好地体现交流与激励功能；着眼未来，更好地体现调控与改进功能。课程方案要在动态建设中日趋完善，课程实践还需不断深化。

【能力培养】 如何运用幼儿园教育活动评价的结果提高幼儿园教育活动质量？

【案例评析】 幼儿园发展性教育督导组在完成评估任务后，对该幼儿园现阶段存在的问题进行科学分析，及时反馈，并在评估报告中用精

---

① 转引自《浦东新区东陆幼儿园发展性教育督导评估报告》。

练的语言深入浅出地提出解决存在问题的策略，即“进一步完善激励机制，不断加强课题研究，努力深化课程建设”，同时对如何深化课程建设提出具有针对性的解决办法。

【知识链接】 幼儿园教育活动评价结果的运用。

【案例12】 家长评价表①

大班幼儿发展家长评价表

班级：______幼儿姓名：______家长姓名：______测评时间：______

尊敬的家长：

您好！

为了正确评价幼儿在共同生活、探索求知、体验表达方面的发展，本学期，我们将请您与教师共同对幼儿进行评价。为确保测评的真实性，加强教师教育的针对性，请您根据下表客观、公正的进行测评。请在相应的空格内打上“√”，并做好最后的统计。

内容	能	不能
1. 主动进餐后整理。		
2. 独立整理被褥。		
3. 主动与同伴友好相处，进行合作游戏。		
4. 运用礼貌用语与周围人合作。		
5. 10以内的倒顺数。		
6. 2和3的分解组成（如：2可以分成几和几，几和几合起来是2）。		
7. 学做气象日记：能用多种记录方法记录晴天、雨天、刮风、阴天、等画面。		
8. 唱《快乐的一天开始了》《圆圈舞》《老师老师我爱你》这3首歌曲。		

① 转引自《幼儿学网》. http://www.jy135.com/html/guanlizhidu/jiaoyugongzuopingjia/2006/1114/5041.html

【能力培养】 了解评价主体的多样性。

【案例评析】 在这则案例中，幼儿园通过问卷调查的形式要求家长参与到大班幼儿发展评价活动中。通过对大班幼儿的发展目标进行分解，形成标准体系，并将标准体系转化为问卷内容让家长参与评价，最终得出较为全面的幼儿发展评价结果。由此可知，幼儿园教育活动评价必须时刻关注评价主体、评价功能、评价内容、评价方法以及评价类型的变化，才能正确、科学、全面解释和运用教育活动评价结果。

【知识链接】 树立正确的幼儿园教育活动评价观。

第八章　幼儿园教育的合作与衔接

【案例1】《弟子规》与“弟子跪”

2012年2月22日，在武汉某小学出现了一幕让人难以相信的情景：一位八九岁的小男孩冒着大雨在教学楼前长跪20多分钟不起来。因为他上课讲话被老师批评，怕给父母丢脸，到了最后一节课偷偷溜出教室，跑到教学楼的露台上，在雨中自行罚跪。校长和班主任劝说半天才愿意起来。小男孩为什么雨中下跪自罚？后来，老师了解到，小男孩的妈妈经常用《弟子规》教育他“百善孝为先”。不但让孩子背诵书中内容，还严格以《弟子规》里面的规矩去规范孩子的行为，动不动就会面壁长跪。受家庭教育影响，孩子也显得比一般同龄孩子更加懂事和独立，在家拖地、洗碗，还能做几个菜。但对于儿子在学校下跪自罚，母亲表示怎么也没有想到，她说，今后会配合老师改变自己的教育方法。

【问题解决】 如何正确认识家庭教育的重要性？家庭教育在幼儿成长过程中起什么作用？

【案例评析】 家庭是按血缘和姻缘关系建立起来的包括父母、子女及生活在一起的其他亲属在内的基本单位和社会生活组织形式。家庭承担着教育家庭成员、培养下一代的特殊职能。家庭教育一般是指家庭中的父母及其成年人在家庭生活中对未成年孩子施加影响的过程，它在个人的成长中占有特殊的地位和作用。家庭教育是在物质供养和深厚的亲子感情密切结合下进行的，教育的影响是长期的、持久的、连续的，往往要超过其他的教育形式。案例中的小男孩从小就在家里接受严格的传统“孝道”教育，潜移默化对他的行为产生深深的影响。但小男孩的妈妈在运用《弟子规》对孩子进行“孝道”教育他时，没有与时俱进地进行引导，以致出现孩子“遇过即跪”的极端行为。幼儿园教育也离不开家庭的合作，幼儿园应主动与幼儿家庭密切配合，综合利用各种教育资源，共同为幼儿的发展创造良好的条件，共同担负教育幼儿的任务。

【知识链接】 幼儿家庭教育的意义。

【案例 2】　孩子的新玩具

开学初，老师发现，春节过后每个孩子手中都有一两件新颖的玩具。她认为这是培养幼儿集体意识和分享意识的好机会，于是鼓励每个孩子拿家中最新的玩具来幼儿园与大家分享，并准备开一个“玩具展览会”。可是，第二天全班 36 位小朋友只有其中的 3 位带来了自己的新玩具。老师问孩子们为什么不把自己的新玩具带来与大家分享。有的孩子说：“妈妈不让我带来，怕玩具被别的小朋友搞坏。”有的孩子说：“奶奶说，你拿去，奶奶以后就不再给你买玩具了！”……

【问题解决】 怎样鼓励和引导家长合作共育？

【案例评析】 这么好的一个促进孩子社会性发展的机会，却由于没有得到家长们的支持和配合，结果没有达到预期的教育效果。相反，这一绝好的教育机会还成为许多家长教育孩子自私、小气的机会。其实，作为幼儿家长，只要对孩子的健康成长有利，就应尽力支持幼儿园老师的工作。当然，在家园共育的过程中，幼儿园老师也要不断探索积极有效的工作方法。像案例中这位老师，可以事先与家长进行沟通，把自己的想法和意图告诉家长，可能“玩具展览会”的活动效果就会好得多。

【知识链接】 家园合作的内容：鼓励和引导家长参与幼儿园教育。

【案例 3】　这叫什么树？

有一天，老师带着幼儿园的小朋友在观赏植物，一个大班的小男孩对一种植物产生了好奇，于是便问老师：“老师，这叫什么树？”老师也不知道这种树叫做什么树，于是就对小男孩说：“对不起，老师也不知道。

不过，你爸爸是植物学家，你可以回家后问问你爸爸。”小男孩回家后，问了当植物学家的爸爸。可是没想到的是，他爸爸回答说：“我也不知道，明天你再去问问老师。”

第二天，小男孩上园时，爸爸特意交给他一封信，说是带给老师的。老师接过信后，明白了家长的意图，并告诉小男孩：“老师已经查了有关的资料，知道这种树的名字了……”

家长的良苦用心是再明显不过的了。他就是想要让老师在孩子心中树立美好的形象，要让孩子相信老师。

【问题解决】 就如何开展家园合作你从上述案例你得到什么启示?

【案例评析】 幼儿园老师在孩子心目中的是否拥有崇高的威信，对孩子能否正确地接受老师的教导有着十分重要的意义。而一个老师在孩子心目中是否有威信，威信有多高，这不仅受老师自身能力和素质的影响，也受家长对老师的态度以及家长与老师的关系的影响。为了让孩子能更好地接受老师的教育，家长应该注意在孩子面前树立和维护老师的威信。

这位家长的教育意识很强，家园合作的方法得当。他这样做，有利于树立教师在孩子心目中的威信，进而有利于孩子今后更好地接受老师的教育。反之，如果这位家长不是这样做，而是利用自己的“聪明”来贬低老师，比如，对孩子说：你们老师怎么这么笨?！连这种树叫做什么树都不知道……这样虽然也能使孩子知道该树的名称，但家长对老师的不尊重和藐视，将会给孩子今后的发展带来消极影响。

【知识链接】 家园共育的过程中方法与策略。

【案例 4】 “爸爸(妈妈)您辛苦了!”

一天，幼儿园的教育活动中有一个内容是文明礼貌用语的学习，课后老师要求孩子们以后要经常使用文明礼貌用语。丁丁很听老师的话，一回到家里就能够利用一切机会把当天所学的文明礼貌用语用上。见上班回来的爸爸妈妈他会说：“您好！”“爸爸(妈妈)您辛苦了！”早上起来他会说：“爸爸（妈妈）早上好!”爸爸妈妈夹菜给他，他会说：“谢谢您!”……

可是,丁丁的这些积极行动并没有得到家人,特别是下岗在家的爸爸的积极回应,比如表扬他懂礼貌,表扬他乖,或者以相应的文明礼貌用语与他回应。相反,爸爸对他这种“客气”和“懂礼貌”感到很不自在,并在忍无可忍的情况下,面色难看地对他说:都是自家人,别给我来这一套!

【问题解决】 你觉得应该怎样指导家长开展家园共育?

【案例评析】 父母对孩子进步的态度,不仅影响到孩子在园学习的效果,而且还会影响到孩子的学习态度。很显然,这位爸爸的这种态度将会大大降低幼儿园的教育效果。作为父母应该对孩子在幼儿园接受教育后产生的积极变化作出积极回应,增强幼儿园的教育效果。特别是上幼儿园的孩子更喜欢回家后有人愿意听他们的“学习汇报”,并希望能够得到别人的肯定。如果身边的人对她们的“学习成果”不听、不看、不表扬,那孩子的学习态度肯定会慢慢地变得消极、无所谓。所以,在教育孩子方面,家园合作不单是指幼儿园教什么,家里面就教什么。家长对孩子学习后的进步作出积极的回应也是一种很好的家园合作的形式。幼儿园老师也要引导幼儿家长恰当地对孩子的点滴进步作出积极回应。

【知识链接】 家园合作的内容:家长配合幼儿园开展教育。

【案例 5】 “双面人格”的彬彬

彬彬,5 岁 6 个月,幼儿园大班孩子。独生子,外公、外婆和父母对他特别宠爱。在幼儿园,彬彬基本上能够了解并遵守幼儿园的生活习惯和常规,能按老师的要求完成一定的任务,也乐于跟其他小朋友合作、游戏、交谈,喜欢回答教师的问题,表现出良好的交往能力和自我服务能力,如能自己穿衣服、洗水杯、整理玩具等等。可是到了家里,他的表现就完全不同了:不愿自己穿衣服、穿鞋、系鞋带、叠被子、整理玩具等,较少与父母说话,曾多次打爷爷、奶奶,喜欢独自看动画片、独自游戏。父母也全都要依从他,否则他又哭又闹、满地打滚,严重时摔东西。如有一次看动画片,看了一个多小时了,父母觉得长时间看电视对孩子眼睛不利，于是就叫他不要看了，他不听，仍然要看，父母没办法就把电视关了，他一气之下就把遥控器摔出去，结果把电视屏幕打坏了。彬彬在幼儿园和在家里的差别真的是太大了，这让家长非常烦恼。

【问题解决】 上述现象反映了一个什么问题？假如你遇到这种孩子，该怎么与家长合作共育？

【案例评析】 彬彬的家、园行为具有显著的不一致。彬彬之所以会出现在家和在幼儿园表现不一样的情况，行为有了“两面性”，其实这都与孩子生活的环境有关。他在园与小朋友生活在一起，同伴之间有榜样作用。而且，每个孩子自尊心很强，同伴在一起，谁也不甘落后，尤其是当教师表扬某个幼儿时，就会激起其他孩子的表现欲望。在教师的正确引导、积极鼓励下，又有同伴的影响，孩子们在幼儿园表现得都很出色。在家里就不一样了，父母教养、教育方式不当等，使孩子在家时任性、撒娇，家长说什么也不听。怎样对待孩子的两面性？首先是家长要懂得在家要约束自己的行为，处处给孩子做榜样，要求孩子做到的，自己首先要做到。不要以为孩子小不懂事，家长就可以说话不算数，这样往往会使孩子形成两面的性格。其次，教师和家长相互配合，淡化孩子的“两面性”行为。不要当着孩子的面说孩子，双方要及时互通信息，对孩子的点滴进步及时鼓励与肯定。如孩子自己穿衣服了、在幼儿园里敢于发言了等都要给予及时肯定，这也可以增强孩子自立的信心。最后，老师和家长要相互配合，要按照幼儿园的教育方式引导孩子，与幼儿园的教育要保持一致性，千万不要过分地溺爱幼儿。

【知识链接】 家园共育的方法与技巧

【案例6】 开放的瑞吉欧模式①

瑞吉欧幼儿教育模式是颇具特色的、堪称影响世界的幼儿教育模式之一。它诞生于20世纪六十年代，因其发源于意大利北部一个名为瑞吉欧—艾米里亚的小城而得名。瑞吉欧幼教模式的最大特色之一，即社

---

① 肖全民，周香．幼儿教育概论．北京：北京师范大学出版社，2012：240—242．

区是推动幼儿园发展的强大力量，社区民众全力支持、配合、参与幼儿教育。在瑞吉欧市，幼儿教育是全社会的事。0～6 岁幼儿的保育和教育是一项十分重要的市政工程，享有 12%的政府财政拨款，社区公民进行监督。瑞吉欧教育体系中，大自然、大社会就是孩子学习的大课堂，家庭、社区中物质资源、自然资源和人文资源为幼儿提供学习的舞台。教师们将幼儿园的环境称为"第三位教师"。幼儿园物质环境的设计布置也考虑如何增进它的开放和资源的综合利用，使幼儿园与周围的社区密切互动。比如，教室向一个中心区域敞开大门，厨房间可以随时提供参观的便利，大大的玻璃窗、教室后面的院落、开向外面的大门，也使幼儿园同社区保持随时的沟通；入口处放着各种各样的镜子，照片和儿童的作品，便利他们的沟通，为幼儿提供充分的交往机会。

【问题解决】 你从瑞吉欧幼儿教育的社区管理模式得到什么启示？幼儿园与社区合作开展幼儿教育有何意义？

【案例评析】 瑞吉欧幼儿教育模式具有显著的开放性，也因此而闻名于世界。在幼儿园与社区合作开展幼儿教育方面，瑞吉欧幼儿模式具有典型性。它把社区资源与幼儿园的教育资源有机地结合起来，实现了幼儿园与社区的共享、双赢，有效地促进了幼儿园教育和幼儿身心健康发展。

社区通常是指居住在同一区域或地域范围内的若干社会群体或社会组织所结成的相互关联的社会区域共同体。幼儿园是社区的有机组成部分之一，社区是幼儿园教育的背景和依托。幼儿园与社区合作，是指幼儿园与其所处的社区、与幼儿家庭所处的社区密切结合，通过相互沟通和双向发展，共同为幼儿的健康成长服务，促进教育的社会化和社会的教育化。一方面，幼儿园充分发掘和利用社区教育资源，做好与社区的合作工作，有利于幼儿身心的健康发展，社区的自然环境和人文环境在幼儿的成长过程中，特别是心理发展过程中有着特殊的意义。社区的积极参与，能使幼儿园教育变得更生动、更富有时代气息和地域特色。另一方面，幼儿园的优质教育资源面向社区开放，有利于满足社区非在园幼儿的学习需要，可以为那些未能入园接受正规幼儿教育的孩子提供补偿教育,促进幼儿共同发展和教育平等。也可以为幼儿家长提供一些托养、教育等方面的服务及对家长和社区其他成员的教育培训活动,指导家长对幼儿的家庭教育,增强社区幼儿家长的教育意识和教育水平,提高社区居民素质,更好地推动社区精神文明建设。

总之,幼儿园与社区合作是社会发展对幼儿教育提出的客观要求,又是幼儿教育自身发展的内部需要。幼儿园应当积极地探索适应社会变化的新型教育模式,促进自身的持续发展。

【知识链接】 幼儿园与社区合作的意义。

【案例 7】 幼儿园与社区共一"园"①

中山大学南校区幼儿园位于中山大学南校区校园内,幼儿园附近的社区资源十分丰富。校内社区资源有超市、银行、邮局、医院、图书馆、电影院、发廊、生物博物馆、小学等等,整座校园绿树成荫、景色宜人。走出校园,还有报刊亭、书店、服装店、餐馆、车站、加油站、地铁站等等,社区资源也丰富多样。这些社区资源为山大学南校区幼儿园的教育活动提供了坚实的物质保障。

【问题解决】 在这样环境中的幼儿园,你认为应该怎样与社区开展合作?

【案例评析】 幼儿园的发展与社区的进步是相辅相成、互相促进的。就幼儿园方面来讲,我们要主动发掘社区资源,服务本园的教育工作。中山大学南校区幼儿园拥有丰富的社区幼儿教育资源,如物质环境资源、人力资源、文化资源。幼儿园作为幼儿教育的主导方面,应该主动争取合作,开发利用好这些资源,运用可能的社区资源。特别是幼儿园课程开发方面,社区应该被充分地运用到幼儿园的课程中去,扩展幼儿生活和学习的空间,构建幼儿园的园本课程。具体来讲,教师要制订符合本园、本班幼儿年龄特点的一系列社区活动教育计划,能吸引幼儿的

---

① 李嘉渝.试论幼儿园与社区合作共育——以中山大学南校区幼儿园为例.中山大学学报论丛,2005,25(6).

丰富多彩的社区活动。同时，还可以充分利用家长工作职业的资源，如银行职员、图书管理员等，根据每班幼儿的不同情况，与相关家长取得联系，邀请家长共同参与到幼儿园的社区活动中来。也可以联系邮局、银行、超市、小学、运动场等单位，带领幼儿进行参观，让幼儿运用自己的各种感官观察、体验、记录，促进幼儿社会性的发展，培养社区意识、社区归属感和良好的社区氛围，提高幼儿的人际交往能力。

【知识链接】 幼儿园与社区共育合作。

【案例8】 社区的玩具"图书馆"

早在20世纪70年代左右，英国就出现了集社区中心、收藏馆和幼儿园于一体的"玩具馆"。2001年底，青岛市首批社区"玩具图书馆"在市南区湖南路幼儿园、晨光幼儿园等三家幼儿园同时出现，接纳社区幼儿前来借玩具、图书，使幼儿有更多机会与其他幼儿相接触，发展良好的同伴关系，也带动了成人之间的交往。

【问题解决】 幼儿园如何发挥自身优势，服务社区事业发展？

【案例评析】 幼儿园在利用社区资源发展自身的同时，还应该发挥自身作为专门教育机构的优势，充分利用幼儿园资源，以多种形式为社区发展服务，担负起社区幼儿教育的指导者、组织者和推动者的责任，向社区辐射教育功能，将正规、非正规，正式、非正式幼儿教育融为一体，为幼儿发展良好的共创社会环境。

开发利用幼儿园的教育设施，与社区共享。幼儿园处于社区幼儿教育的中心，拥有齐全的幼儿教育设施设备，幼儿园可以开放这些物质资源，适时适度地面向社区婴幼儿、家长开放，为居民提供便利条件。比如，以幼儿园的玩具图书为依托，建立"玩具图书馆"，在节假日、双休日等时间段定期面向社区婴幼儿及其家长开放，让他们共享幼儿园的这些玩具设施等教育资源，以便于增强社区幼儿的愉快体验和更好地适应幼儿园生活。

【知识链接】 幼儿园与社区合作内容与方式。

【案例9】 欢欢为什么不喜欢上学?[①]

欢欢,女,7岁,小学一年级学生。欢欢平时活泼好动,样子十分讨人喜欢,但是她却经常逃学,父母为之伤透了脑筋。一到上学时间,欢欢就表现得很勉强、很痛苦。她有时提出苛刻的条件,有时到上学的早晨甚至前一天晚上就出现头痛、头晕、腹痛、呕吐等不适症状。父母逼她上学时会出现更加强烈的情绪反应,如焦虑不安、痛苦、叫喊、吵闹,任何保证和安抚以及物质上的好处甚至训斥、打骂均不能使她愉快地上学。但只要答应她不去读书,便什么病都没有了。有时候为家长所强迫只好去上学,但她并不去学校,而是在路上玩耍。当她在家的时候,看书或与伙伴玩游戏时,一切都很正常。为此,老师常上门家访。

【问题解决】 从"幼小衔接"工作方面来看,欢欢为什么不喜欢上学?怎么办?

【案例评析】 这个案例反映的是儿童的"学校恐惧症"、不适应小学的学习生活问题。欢欢出现的一些症状也是一种心理疾病。

幼小衔接是指幼儿园与小学两个教育阶段平稳过渡的教育过程,也是幼儿在其发展过程中所面临的一个重大的转折期。由于生活习惯上的骤变,以及课目的繁重,许多小孩子在进入小学后出现疲劳、消瘦、害怕学习的现象。孩子到了小学要系统地接受正规教育,这对幼儿园的小朋友是个大台阶。很多孩子刚进入小学时会不适应,集中体现在以下三个方面:一是作息时间不适应。在幼儿园没有严格的上、下课时间规定,也没有严格的出勤时间要求,相对比较自由,中午还可以午睡。而上了小学就要严格遵守时间安排,早上一般在7:50之前到校,不能迟到,上课时不能自由活动,中午也没有午休了,休息时间也就1个多小时。对这一变化家长必须重视,帮孩子树立时间观念、按时作息,同时为了保证精力充沛。二是学习内容的不适应。幼儿园的安排以玩中学为主,学多少没有严格要求。上了小学就以学知识为主了,有具体的知识学习目

---

① 卢秀安等.教与学心理案例.广州:广东高等教育出版社,2002:144—147.

标，学起来没那么轻松。当孩子遇到学习困难的时候，往往会情绪低落。三是学习环境不适应。刚上小学的孩子对陌生的环境需要一个适应过程，小学的教室环境与幼儿园有很大的不同，多彩装饰的幼儿园教室变化为每人一套桌椅、前面一块大黑板，没有太多装饰的敞亮整洁的教室，让孩子很不适应。同时，离开了熟悉的伙伴是不少孩子对上学最担心的事，也是一些孩子入学后不适应的原因之一。而入学后，不像在幼儿园里什么事都可以找老师，与同学发生摩擦和矛盾时，孩子必须开始独立解决矛盾。家长要鼓励孩子多帮助别人，多交朋友。

在这一阶段家长要注意跟孩子在一起，帮助他分析和同学的摩擦，和老师的交流，及时感受孩子细微的变化，这样有的放矢地采取一些措施。培养孩子好的学习方式，包括就餐的习惯、守时的习惯、按时做作业的习惯，包括写字的姿势，潦草程度，这些都是慢慢养成的。家长不能走极端，有时候发现问题了会盯住一个问题不放，或者是忙于自己的工作，忙于自己的生计把孩子大撒把，这也是不好的现象。所以要时刻关注孩子每一点细微的变化。对于孩子学习状态上的一些变化，一开始可能需要家长的提醒，比如放学了，家长问一句，完成作业了吗？前期家长可以陪孩子一起检查作业里面的错误，让孩子改正。但这种行为要慢慢淡化，让孩子自查，知道要靠自己。另外要规定在一定的时间之内完成有什么奖励。幼儿园和小学的衔接工作很重要。家长应该为孩子顺利地向小学过渡做好一切准备。

针对案例中欢欢的情况，不能简单地用恐吓或惩罚的办法逼她上学。要从学校和家长两方面入手。一是心理上给予孩子充分的理解和支持，对幼儿的不良行为进行正面教育，给欢欢以指导、保证、劝解、疏导，增强她克服恐惧的信心。通过家长和孩子一起参加学校有关活动，鼓励欢欢接触所恐惧的上学情境，逐步适应学校生活，并热爱学校，培养对学校的亲切感。帮助欢欢建立融洽的师生、同学关系，改善家庭关系，提供一个轻松、愉快、和谐的生活环境。

【知识链接】　幼小衔接的内容与方法。

【案例 10】 怎样让孩子顺利"爬上坡"?①

【问题解决】 通过解读这两幅漫画,你认为什么是幼小衔接?做好幼小衔接工作有什么意义?

【案例评析】 所谓幼儿园与小学衔接(简称"幼小衔接")是指幼儿园和小学根据儿童身心发展的阶段性和连续性规律及儿童终身发展的需要,做好两个教育阶段平稳过渡的教育过程,使儿童能够更快地适应新生活,减少因两个教育阶段间的差异给儿童身心发展带来的负面影响,为其终身发展打下基础。幼小衔接包括幼儿园教育积极主动与小学教育衔接、小学低年级教育主动与幼儿园教育衔接两个方面的工作。

幼儿入学后会遇到一些适应性问题:身体方面的睡眠不足、身体疲劳、食欲不振、体重下降等现象;心理方面的精神负担重、心理压力大、情绪低落、自信心不足、学习兴趣降低等现象;社会性方面的人际交往不

① 李季湄.幼儿教育学基础.北京:北京师范大学出版社,1999:237.

良、人际关系紧张等现象，有的甚至还有怕学、厌学的情绪。幼儿从幼儿园教育阶段过渡并适应小学教育，就好像爬一个坡：坡越陡，他爬起来越吃力；坡越缓，他爬起来越轻松。幼儿园教育是终身学习的开端，是国民教育体系的重要组成部分，是基础教育的基础。做好幼小衔接工作，培养幼儿对小学生活的适应能力，就是降低这个“坡度”。当然，幼小衔接问题是长期被教育工作者和家长所关注却一直没有得到很好解决的世界性难题，要遵循幼儿身心发展规律，坚持科学保教，促进幼儿身心健康发展，防止和纠正幼儿园教育“小学化”倾向。

【知识链接】　幼儿园和小学两个阶段的差异，“幼小衔接”工作的意义。

【案例 11】　幼儿园“小学化”让孩子不堪重负

【问题解决】 上面是我们从《人民日报》、《中国教育报》等媒体摘录下来的漫画，其中反映了什么问题？你有什么看法？

【案例评析】 漫画反映的是我国幼儿园教育“小学化”的问题。把幼小衔接变成“小学化”是我国当前幼儿园教育面临的一个严峻问题，也是一个需要长期努力才能真正解决的问题。所谓幼儿园教育“小学化”，是指为了减缓幼儿园和小学教育之间的坡度，幼儿园增加小学课程内容，提前教授小学知识，按照小学的作息制度、教学形式、学习环境等方式开展学前教育教学活动，将幼小衔接等同于小学知识的提前教育，以小学生的标准要求学前儿童。“小学化”的幼小衔接教育是超前教育，违背幼儿身心发展规律，无视或忽视幼儿的学习特点，让幼儿学习小学生的内容，让幼儿以小学生学习的方式学习，其本质是反衔接的。幼儿园教育“小学化”适得其反，不仅不能解决幼小衔接，反而将严重危害学前儿童身心健康，扼杀学前儿童天性，与社会要求背道而驰，不符合社会发展的需要，对儿童今后的发展带来极大的负面影响。

之所以幼儿园教育“小学化”严重，一方面是观念上的原因。在大众意识中，不同程度地对儿童的学习和发展有一种“重成就、重学业、重知识”的倾向，从小背书包、学写字、做算式普遍存在，很多公众一直期待和支持他们认同的以知识学习甚至是以读写算为主的幼儿园教育，这种期待在很大程度上左右着幼儿园教育。学习贯彻科学的教育观和儿童观，是解决幼儿园教育“小学化”的重要途径。另一方面是资源匮乏的原因。幼儿教育的空间资源、人力资源等在一定程度上造成了幼儿园教育“小学化”。幼儿人数过多，幼儿园空间过小、人力资源的缺乏，班额偏大、师幼比严重超标，教师无法真正对幼儿实施以游戏为基本活动的教育，端坐静听成了最主要的学习方式。

搞好幼小衔接，需发挥社会、幼儿园、小学、家庭等多方面的积极性，共同协作，形成和谐的教育环境，让幼儿在良性环境中顺利过渡。社会方面必须改革学制、协调幼小课程衔接、优化教师专业素养、改革评价体系；幼儿园方面要注意促进幼儿身心的全面发展、做好幼儿园大班后期工作，与幼儿家长、小学教师保持密切联系；小学方面要合理调整低年级幼儿的作息时间、深化教育改革，推进素质教育，学习与借鉴学前教育相关经验；家长方面要注意增强幼儿的信心、激发幼儿上小学的兴趣，为幼儿上小学做好心理准备、调整好幼儿生活规律、培养幼儿的自理能力、为幼儿准备家庭学习环境，营造良好学习气氛、对幼儿进行安全教育，增强自我保护意识。

【知识链接】 “幼小衔接”工作的误区：“小学化”。

主要参考资料

[1] 朱良，陈思群. 幼儿教育案例选[M]. 杭州：浙江大学出版社，2004.

[2] 虞莉莉. 幼儿园教育案例专题研究[M]. 杭州：浙江大学出版社，2005.

[3] 缪仁贤. 幼儿教育技艺[M]. 上海：上海科学技术文献出版社，2004.

[4] 唐汉卫，张茂聪. 中外道德教育经典案例评析. 济南：山东人民出版社，2005.

[5] 王天蓉等. 问题化学习教师行动手册[M]. 上海：华东师范大学出版社，2010.

[6] 但武刚. 教育学案例教程[M]. 武汉：华中师范大学出版社，2007.

[7] 胡明根. 影响教师的100个经典教育案例[M]. 北京：中国传媒大学出版社，2004.

[8] 卢秀安等. 教与学心理案例[M]. 广州：广东高等教育出版社，2002.

[9] 林华民. 世界经典教育案例启示录[M]. 北京：农村读物出版社，2003.

[10] 李季湄等. 幼儿教育学基础[M]. 北京：北京师范大学出版社，2000.

[11] 桂景宣. 学前教育概论[M]. 北京：高等教育出版社，2007.

[12] 肖全民,周香.幼儿教育概论[M].北京:北京师范大学出版社,2012.

[13] 高丽芷.感觉统合(上篇:发现大脑)[M].南京:南京师范大学出版社,2007.

[14] 郭芸.再议幼儿园教学目标制定[J].幼教博览,2009,(07).

[15] 武祥海.幼儿园侵害幼儿合法权益案例三则[J].早期教育,2007,(01).

[16] 林莉."苹果事件"的启示[J].教育导刊,1998,S2.

[17] 封莉蓉,周卫.把最宝贵的东西给予儿童——宋庆龄幼儿园质的案例研究[M].北京:人民教育出版社,2001.

[18] 苏春景.走出高师公共教育学教学的困境[J].课程·教材·教法,2002,(11).

[19] 詹道祥.幼儿教育学教学困境形成的原因与对策[J].学前教育研究,2005,(3).

[20] 王颖蕙.关于幼师院校"学前教育学"课程教学改革的思考[J].成都大学学报(教科版),2008,(2).

[21] 中华人民共和国教育部网(http://www.moe.edu.cn/).

[22] 中国婴幼儿教育网(http://www.baby-edu.com/).

[23] 中国学前教育研究会网(http://www.cnsece.com/).

[24] 中国学前教育网(http://web.preschool.net.cn/portal.php).

后　记

本书系2011年度新世纪广西高等教育教学改革工程立项项目“基于核心能力培养的学前教育学案例教学研究与实践”(项目编号:2011JGZ073)的教学研究成果,也得到了广西学前儿童发展与教育研究基地的支持。在精品课程建设中,为解决传统的《学前教育学》课程教学中教师难“教”学生难“学”、理论与实践脱节、学生实践能力薄弱、知识运用能力差等问题,吸引学生对学前教育现象和幼儿园教育实际问题的兴趣,增强学习积极性,我们课题组在改进教学方法、运用实践案例进行教学的基础上,根据《学前教育原理》课程的主要内容和理论体系,分章依次整理出“案例描述—问题解决与能力培养—案例分析—重要知识点”的案例教学体系,编撰了《学前教育原理案例教程》这个册子。目的是为了更加方便教师的“教”和学生的“学”,使教材真正成为学材和习材,实现资源共享。

本教材的作者均为长期承担《学前教育原理》课程教学的一线教师,具有丰富的理论和实践经验。案例整理及文稿撰写的作者分工如下:肖全民负责前言、绪论、第八章,刘揖建负责第一章、第二章、第三章,赵建霞负责第四章、第五章,梁春娟负责第六章,梁富一负责第七章。全书由肖全民负责统稿、定稿。尽管本教材的积累经过了持续三年的艰苦努力,同事们付出了辛勤汗水,但仍有许多问题需要深入研究,如案例情境的真实性、涉及问题的复杂性、原理运用的交叉性。我们还将继续探索这些问题,不断完善研究成果。

本教材得以公开出版,要感谢浙江大学出版社的大力支持和帮助。

在教材编写过程中，参考、借鉴或引用了许多国内外同行的最新研究成果，包括学生的作业。虽然我们尽量列出相应的参考文献，但难免有遗漏之处，敬请谅解。在此向提供资料的所有作者表示诚挚的谢意和歉意！由于作者的学术水平有限，书中一定还有许多遗憾和缺陷，不足和错漏之处敬请各位使用者批评指正！希望得到广大幼师学生、教师和幼教工作者的意见反馈，以便今后不断修订完善。

课题组

2013 年 11 月 21 日